LES
CONFINS ANGLO-RUSSES

DANS

L'ASIE CENTRALE

N. B. — M. Kouropatkine est aujourd'hui lieutenant-colonel d'état-major. Voir ce que dit de son étude sur la Kachgarie, qu'il appelle « un travail du plus grand mérite », le célèbre voyageur de Ujfalvy, dans son grand ouvrage sur le Kohistan, le Ferghanah et Kouldja, page 158.

1283 — Paris, imp. LALOUX fils et GUILLOT, rue des Canettes, 7

Publication de la Réunion des Officiers

LES
CONFINS ANGLO-RUSSES

DANS

L'ASIE CENTRALE

ÉTUDE

Historique, Géographique, Politique et Militaire

SUR LA KACHGARIE

(Turkestan oriental)

par le lieutenant-colonel russe KOUROPATKINE

Traduite par G. LE MARCHAND, capitaine au 15ᵉ régiment d'artillerie

PARIS

LIBRAIRIE MILITAIRE DE J. DUMAINE

ÉDITEUR

30, RUE ET PASSAGE DAUPHINE, 30

1879

PRÉFACE DU TRADUCTEUR

Depuis tantôt un siècle que la France a définitivement cessé de disputer la possession de l'Hindoustan à la Grande-Bretagne, la domination de celle-ci sur ces vastes territoires n'a plus été contestée par aucune autre puissance européenne. Les Anglais ont pu s'étendre sans cesse, aux dépens des royaumes indigènes, annexés ou absorbés plus ou moins directement les uns après les autres. Ils ont fini par arriver ainsi jusqu'aux limites naturelles de la péninsule, par atteindre une sorte de *maximum* qu'ils ne sauraient dépasser sans s'affaiblir.

Le Lion britannique ne rêve donc plus de nouvelles conquêtes. Il ne demande qu'à jouir en paix des siennes, et respecte volontiers l'existence des États indépendants qui l'entourent, parce qu'ils sont pour lui la meilleure garantie contre un danger nouveau qui semble aujourd'hui menacer les Indes. L'immense Russie déborde peu à peu des steppes glacées du Nord. Chaque jour un pas en avant la rapproche des pays du soleil, qu'elle convoite et veut arracher à l'Angleterre. Déjà les deux rivales n'ont plus entre elles, sur quelques points, qu'une bande de territoire assez étroite.

Là subsistent encore quelques débris des anciens empires de l'Asie centrale ; de ceux que fondèrent ou détruisirent, après Alexandre, Tamerlan, Gengis et tant d'autres héros légendaires moins illustres. Tour à tour dévastées et florissantes, épuisées par des siècles de guerres civiles et étrangères, ces régions sont fatalement destinées à devenir, dans un avenir prochain, la proie de l'une ou l'autre des deux nations adverses et, en tous cas, le théâtre de la lutte qui doit inévitablement éclater entre elles.

On comprend par suite avec quel soin chacune étudie ce futur champ de bataille. La Russie surtout, obligée de prendre l'offensive, ne cesse d'y envoyer ses éclaireurs. Des missions politiques, scientifiques, géographiques ou militaires parcourent sans relâche, dans tous les sens, ces pays dont les noms barbares sont à peine connus chez nous. Les diplomates et les généraux russes en étudient l'histoire présente et passée ; ils évaluent soigneusement les ressources qu'ils possèdent et les revenus qu'on en peut tirer. Ils vont jusqu'à chercher dès maintenant le mode de gouvernement qui leur convient le mieux. Le but de ces travaux n'est douteux pour personne et l'on n'en fait pas mystère, comme on peut le voir par la simple lecture de celui que nous publions ici.

La Kachgarie est l'une de ces contrées qui séparent les Indes du Turkestan russe, dont elle constitue en quelque sorte la partie orientale; et c'est même sous ce nom que la désignent souvent ceux qui s'en considèrent déjà presque comme les maîtres. Les soldats du tsar en préparent dès aujourd'hui la conquête, et viendront probablement s'y heurter bientôt à ceux de l'impératrice des Indes. Quel que soit le résultat du choc, il sera rude et le contre-coup s'en fera sentir au loin.

Aussi, quoique ces évènements ne soient pas de nature à nous toucher directement, nous ne pouvons guère détourner entièrement nos regards de ces régions lointaines, où demain peut-être vont se trouver en présence deux grands peuples, revenus au berceau du vieux monde combattre pour l'empire du monde moderne. C'est à ce titre que l'histoire de la Kachgarie peut n'être pas sans intérêt pour nous.

L'officier russe auteur des pages que l'on va lire a suivi, comme attaché militaire, la dernière ambassade envoyée par son gouvernement auprès de l'émir Yakoub-Bek, cet étrange Bonaparte asiatique qui, de la position la plus abjecte, a su s'élever *per fas et nefas* au pouvoir suprême, et devenir le souverain d'un vaste empire conquis en quelques années. Le capitaine Kouropatkine (1) a eu l'occasion d'étudier à loisir cette curieuse figure, ainsi que l'organisation civile et militaire de l'État kachgare. Il a surtout examiné soigneusement son armée, les places fortes qui défendent son territoire, en un mot, tous les obstacles qui peuvent s'opposer à la marche en avant des Russes, le jour où ceux-ci voudront faire subir à la Kachgarie le sort du Kokand, de la Boukharie, de Khiva, etc.

L'auteur a tout vu de ses yeux, et l'intérêt de son pays lui commandait de dire avant tout la vérité. Nous pouvons donc ajouter foi à ce qu'il nous raconte du présent. Quant au passé, il semble avoir puisé, pour le reconstruire, aux sources les plus autorisées. Il paraît enfin avoir également prévu l'avenir avec non moins de sagacité, puisque dès les premiers mois de l'année 1877 il nous prédit comme très-prochaines, la chute du trône de Yakoub et la conquête de la Kachgarie par les Chinois, dont les troupes sont entrées à Kachgar au mois de décembre dernier.

G. Le Marchand.

(1) Aujourd'hui lieutenant-colonel d'état-major.

CONFINS ANGLO-RUSSES

DANS L'ASIE CENTRALE

I

Quelques mots sur l'histoire de la Kachgarie avant Jésus-Christ. — Les Houïgours. — Première conquête de la Kachgarie par les Chinois. — Domination des Arabes. — Domination des Mongols. — Gengis-Khan et ses descendants. — Tamerlan. — Sultan-Saïd. — Apparition des Khodjas. — Appak-Khodja. — Domination des Djoungares. — Amoursana. — Conquête de la Kachgarie par les Chinois en 1760. — Tchao-Khoï. — Système de gouvernement adopté par les Chinois. — État du pays de 1760 à 1825.

D'après l'opinion de plusieurs auteurs contemporains, le Turkestan oriental fut, à l'origine, habité par une race d'où sont sorties les nations anglo-saxonnes de l'Europe et les populations aryennes de l'Inde. Fermé à l'ouest et au sud par des chaînes de montagnes extrêmement élevées, ce pays était ouvert au nord-est à l'écoulement des hordes mongoles à demi sauvages, qui peuplaient l'immense plateau de l'Asie intérieure.

Parmi celles-ci, les annalistes chinois mentionnent surtout celle des Hioung-Nou, qui, d'après le missionnaire français Huc et le voyageur anglais Bellew, ne seraient autres que les Huns. Cette tribu guerrière et nomade, empiétant constamment, d'une part sur ses voisins également errants de l'ouest, de l'autre sur les frontières du Céleste-Empire, finit par occuper peu à peu les provinces occidentales et orientales de la Mongolie.

En 134 avant Jésus-Christ, les Huns, sous la conduite de Lao-Khan, marchèrent contre les peuplades de race mongole qui, sous le nom de Ghètes ou de Youtes (en chinois Vouëi-Tchi), habitaient le territoire formant aujourd'hui la province chinoise de Chan-si. Après un combat sanglant Lao-Khan fut vainqueur de ses adversaires, tua leur chef et se fit une coupe de son crâne. Pour échapper à sa domination les Ghètes durent aller s'établir ailleurs.

Ils se séparèrent en deux hordes, dont la première, se dirigeant vers le nord-est, vint se heurter aux populations du Turkestan oriental, les Sakas, les refoula et passa même en partie à travers le Tian-Chan, jusque dans la vallée de l'Ili. La deuxième horde, prenant vers le sud, franchit les montagnes et s'étendit dans la vallée de l'Indus, en dévastant l'empire qu'y avait fondé Alexandre de Macédoine.

Les Ghètes, envahisseurs du Turkestan oriental, s'y mêlèrent en partie avec les Sakas et les Yattes ou Youks, dont ils refoulèrent également une partie au sud et à l'ouest.

Cependant les Huns, restés maîtres de la Mongolie, s'étaient divisés, à la suite de querelles intestines, en Huns du nord et Huns du sud. Cet affaiblissement fut mis à profit par les Chinois, qui, sous la dynastie des Han, mirent en déroute l'armée des Huns du nord et les contraignirent à se chercher une autre patrie. Comme leurs prédécesseurs, les Huns prirent le chemin de l'ouest, inondèrent le Turkestan oriental et, continuant leur route dans cette direction, arrivèrent jusqu'aux rives de la mer Caspienne et se répandirent dans le bassin du Volga.

Fuyant devant cette invasion, les Ghètes et les restes des

Sakas qui peuplaient le Turkestan oriental, marchèrent, partie vers l'ouest, en avant de leurs vainqueurs, partie vers le sud, jusque dans le Kaboul et le Kachemire.

Ce furent ainsi ces Huns qui, mêlés avec les débris des Sakas et des Ghètes ou Goths, constituèrent la population du Turkestan oriental; population que modifièrent quelque peu, du reste, dans les siècles suivants, les invasions de diverses autres tribus qui s'y introduisirent avec les conquérants arabes.

Aujourd'hui, d'après les explorateurs de l'Asie centrale, c'est seulement dans les montagnes les plus inaccessibles entourant à l'ouest le Djitychar, que se sont conservés absolument purs les restes de la race aryenne.

Les Huns, continuant leur marche vers l'ouest, chassèrent devant eux les diverses tribus nomades plus faibles qu'ils rencontrèrent sur leur chemin, et, de concert avec elles, commencèrent, dans les premières années du IVe siècle, leurs incursions sur le territoire de l'empire romain; au Ve siècle, ils inondèrent l'Allemagne. En Europe les Huns furent appelés Houïgours, Hougres et Hongres, d'où sont venus les Hongrois modernes.

Ainsi les Huns ou, comme nous les appellerons, les Houïgours, s'affermirent définitivement dans le Turkestan oriental au commencement de l'ère chrétienne, et se fondirent avec les autres peuples restés dans le pays après leur arrivée. Suivant qu'ils occupaient les plaines ou les parties montagneuses du territoire, ils restèrent nomades ou se fixèrent. Nous trouvons plus tard ces derniers désignés dans l'histoire de la Kachgarie par le nom des villes autour desquelles ils s'étaient établis : Kachgar, Khotan, Yarkend etc. Les habitants de ces différentes villes, par suite de leur mélange avec des races étrangères, perdirent peu à peu le type mongol primitif.

Les Houïgours établis dans les montagnes entourant le Turkestan oriental (Tian-Chan du nord et de l'ouest) sont restés nomades jusqu'à l'époque actuelle. Nous les rencontrerons dans l'histoire ultérieure de la Kachgarie sous les noms de Djoungares (Kalmouks) et de Bouroutes (Kara-Kirghises ou Kirghises de la Roche). Les premiers ont particulièrement bien conservé le type mongol.

L'empire de Kachgarie, fondé par les Houïgours dans le Turkestan oriental, ne resta pas longtemps indépendant. Bientôt commencèrent des luttes continuelles avec la Chine ; luttes qui se terminèrent par la réunion de la Kachgarie au Céleste-Empire, en l'an 94 après Jésus-Christ. La domination chinoise, qui n'était probablement pas bien lourde, se maintint jusqu'au viiie siècle. Pendant cette longue période, les habitants de la Kachgarie, profitant des troubles intérieurs de la Chine, se soulevèrent souvent et reconquirent plusieurs fois pour un moment leur indépendance ; jusqu'à ce que les Chinois, débarrassés de leurs ennemis du dedans, vinssent de nouveau les soumettre à leur autorité. Le triomphe des Chinois se trouvait du reste beaucoup facilité, par la division de la Kachgarie en un certain nombre de petits pays indépendants l'un de l'autre (Kachgar, Yarkend, Khotan etc.) ; lesquels n'avaient pas plutôt secoué le joug de la Chine qu'ils commençaient à guerroyer entre eux pour la suprématie.

Jusqu'au viiie siècle, d'après le témoignage des écrivains chinois, les Kachgariens professèrent le bouddhisme. Mais il est difficile de préciser à quelle époque cette religion pénétra dans le Turkestan oriental. On sait seulement qu'elle y existait déjà du temps de la dynastie des Han, au commencement du iie siècle de l'ère chrétienne. Le Chinois Houen-Hang, qui visita la Kachgarie en l'an 629, sous la dynastie des Tan, y trouva partout la religion de Bouddha très-florissante, avec un grand nombre de monastères, de docteurs et pieux anachorètes.

Le mahométisme commença de s'introduire dans le Turkestan oriental à dater du VIIIe siècle, avec les marchands arabes. Les premiers prédicateurs musulmans furent assez mal reçus par les habitants des villes, et la nouvelle doctrine fit d'abord des prosélytes parmi les nomades. A la suite des marchands vinrent les conquérants arabes, qui forcèrent, l'épée sur la gorge, les Houïgours vaincus d'embrasser l'islamisme. Les historiens chinois parlent des guerres sanglantes qu'au VIIIe siècle les Arabes firent à ce pays.

En 712 un des lieutenants du kalife, Oualid-Koutaïb, s'empara de Kokand et, s'avançant toujours, parcourut toute la contrée de Kachgar au delà de Tourfan, jusqu'en Chine. Après cette campagne les Arabes annexèrent le pays à leurs possessions et commencèrent à y propager l'islamisme. Les plus difficiles à convertir furent ceux de Khotan. Il fallut vingt-cinq années de combats acharnés pour en faire de vrais croyants, et dans cette lutte, au dire de Bellew, tombèrent nombre de chevaliers arabes, martyrs de la foi, dont les noms ouvrirent la longue liste des saints musulmans.

Encore aujourd'hui l'on peut voir près de Khotan et d'Aksou, comme entre Kachgar et Yarkend, de vastes cimetières, dits Chaïdan, où reposent ceux qui sont tombés pour la foi de l'islam.

En même temps que le bouddhisme, les Arabes extirpèrent la religion chétienne, qui dès lors avait déjà par endroits poussé de profondes racines.

A mesure que la domination arabe s'affaiblit en Asie, se forma dans le Turkestan oriental un vaste empire houïgour, qui devint très-florissant. Au XIe siècle il comprenait tous les pays depuis la mer Caspienne jusqu'au désert de Gobi. Mais dès le commencement du siècle suivant, des querelles intestines en amenèrent la chute. Les hordes mongoles des Karakitaïs, sous la conduite de leur chef Horkhan, mirent un terme à l'indépendance des Houïgours.

La domination des Karakitaïs dans le Turkestan oriental, dura environ un siècle. Pendant cette période leurs possessions s'étendirent jusqu'à Khiva. Mais les discordes intérieures qui avaient amené la chute du royaume houïgour causèrent aussi la ruine de ses vainqueurs. Ils furent défaits et soumis à leur tour par de nouvelles hordes mongoles venant du nord-est.

A la tête de celles-ci se trouvait le fameux Gengis-Khan, dont les armées, comme un torrent irrésistible, parcoururent presque simultanément la Chine, le Turkestan, l'Inde, la Perse, la Syrie, inondèrent une partie de la Russie et de la Pologne, et atteignirent la Hongrie et l'Autriche.

En 1220 la Kachgarie fut réunie au royaume de Gengis-Khan. Cette annexion se fit sans l'accompagnement de ruines et de massacres qu'avait subis ce malheureux pays lors des nombreuses invasions des diverses tribus mongoles, chinoises, arabes et karakitaïs.

Pendant les belles années du brillant empire mongol, la Kachgarie atteignit un haut degré de prospérité qu'elle n'avait jamais connu avant cette époque et n'a pas retrouvé depuis. Grâce à la tolérance religieuse, le mahométisme perdit de son austérité, comme on le vit surtout à la grande liberté dont commencèrent à jouir les femmes. Le christianisme et le bouddhisme reparurent, transformant les mosquées en églises et en pagodes. Beaucoup de villes de Kachgarie, grâce à leur situation avantageuse entre la Chine et le Turkestan de l'ouest, acquirent une grande importance commerciale.

Après la mort de Gengis-Khan, ses vastes domaines furent partagés entre ses fils. La Kachgarie échut à Tchagata et, passant ensuite d'un héritier à l'autre, se trouva parfois divisée et fut la cause de guerres civiles continuelles, jusqu'à ce que vers le milieu du XIVe siècle, un descendant de Tchagata, Touglouk-Timour-Khan, non-seulement réunit toute la Kachgarie entre ses mains, mais encore en étendit les limites depuis le cours de l'Ili jusqu'aux monts Kouen-Loun. Sous l'habile gouvernement de ce prince, le pays se remit promptement des dévastations qu'il avait éprouvées pendant les luttes des fils de Gengis pour l'héritage de leur illustre ancêtre.

Le règne de Touglouk-Timour constitue encore, à un autre point de vue, une époque remarquable dans l'histoire de la Kachgarie. A la fin du XIVe siècle (en 754 de l'Hégire), ce souverain embrassa l'islamisme, et son exemple fut suivi par un grand nombre de khans des hordes nomades. C'est depuis lors que le mahométisme devint la religion dominante dans le Turkestan oriental.

Touglouk transporta sa capitale d'Aksou à Kachgar. Il conserva pourtant une résidence d'été sur les bords de l'Issykkoul, dans un endroit appelé Yatta-Mougol. Sur la fin de son règne, profitant des dissensions intestines de la Boukharie, il réunit ce pays à ses États et laissa son fils régner à Samarkande. Mais à la mort de ce sage monarque se reproduisirent les faits qu'on rencontre si souvent dans l'histoire des peuples. Les enfants n'avaient ni le caractère ni les talents de leur père, et leurs querelles désolèrent encore une fois le pays à peine pacifié.

A Samarkande le fils de Touglouk-Khan fut détrôné par un autre Timour, célèbre depuis sous le nom de Tamerlan, et la Kachgarie tomba aux mains de Kamar-Eddin, qui fit périr une grande partie des descendants de Touglouk. Il est probable que l'autorité de ce nouveau maître n'était pas fort bien établie, car sous son règne nous voyons les hordes nomades du Tian-Chan, non-seulement désoler la Kachgarie par des incursions continuelles, mais passer même au nord de la chaîne de montagnes et ravager les possessions du puissant Tamerlan. Quatre campagnes successivement entreprises par celui-ci pour châtier ces barbares et renverser Kamar-Eddin, n'amenèrent aucun résultat. C'est alors qu'en 1389 il exécuta une dernière expédition avec des forces énormes. Cinq armées s'avancèrent par des routes différentes, dans le but de détruire toutes les populations des montagnes du Tian-Chan, jusqu'au lac Zaïçane, au nord et jusqu'à la ville de Karachar, au sud. Le point de concentration générale était la vallée du Youldouze, au nord-ouest de Karachar. L'entreprise réussit après une lutte sanglante : tout le pays, y compris une partie de la plaine kachgare, fut dévasté et ses habitants chassés en nombre immense.

Voici comment Ritter décrit, d'après un historien persan de cette époque, les fêtes données par Tamerlan après le rassemblement de toute son armée dans la vallée du Youldouze.

« Le pays youldouze est remarquable par ses sites pittoresques, l'excellence de ses pâturages, la fraîcheur et la pureté de l'air qu'on y respire. Les tentes et les pavillons somptueux des grands seigneurs fourmillaient dans cette vallée superbe. Le sol disparaissait sous les tapis et les étoffes de brocart. Quand la tente impériale fut dressée, le Destructeur de l'univers monta sur son trône d'or étincelant de pierreries. Tous les émirs et chefs de troupes furent admis à la faveur de baiser le tapis de l'empereur. Le tout-puissant monarque était assis, couronne en tête et sceptre en main, distribuant des robes d'honneur et des ceintures enrichies de pierres précieuses, aux princes, aux émirs, aux chérifs, à tous les dignitaires de l'empire et aux principaux officiers de son armée ; variant les récompenses suivant les mérites de chacun. La main des belles filles de l'Asie versait à ses favoris des vins exquis dans des coupes d'or. Tous les soldats étaient transportés d'enthousiasme et de reconnaissance pour leur souverain. Les fêtes durèrent plusieurs jours. »

Quant à la Kachgarie, Tamerlan, ayant détrôné Kamar-Eddin, en donna le gouvernement à l'un des petits-neveux de Touglouk-Khan, dont il épousa la fille. Puis il retourna dans Samarkande, sa capitale, laissant la Kachgarie ruinée et ravagée à un tel point qu'elle n'a jamais pu se relever de ce désastre.

Ainsi les deux plus grandes figures historiques de l'Asie centrale, Gengis-Khan et Tamerlan, ont eu sur les destinées de la Kachgarie une influence énorme, quoique bien différente. Le premier la conquit sans verser une goutte de sang, y introduisit la tolérance religieuse, encouragea l'industrie, le commerce et les arts, et fonda ainsi la prospérité du pays, qui devint bientôt florissant. Le second, au contraire, y porta le pillage et le massacre, et détruisit en quelques mois, pour longtemps, si ce n'est pour toujours, ce que Gengis-Khan et ses descendants avaient mis 170 ans à créer.

Dans la suite de l'histoire de la Kachgarie nous verrons qu'outre toutes les misères, conséquences de ces ravages, le pays eut encore à souffrir de l'invasion de dévots musulmans et de faiseurs de miracles, lesquels, amenant avec eux le fanatisme religieux, l'hypocrisie et les luttes des partis, furent une source de malheurs qui se sont succédé sans interruption jusqu'à ces derniers temps.

Du XV\ au XVIII\ siècle, l'histoire de la Kachgarie ne présente qu'une série continuelle de guerres entre les deux partis religieux; guerres dont profitent tantôt les Chinois, tantôt des voisins nomades, les Djoungares, pour se rendre les maîtres du pays. Enfin l'histoire du XIX\ siècle est remplie par la lutte des Kachgariens contre la domination insupportable de la Chine. Quelquefois il arrive que, soutenus par les incursions d'aventuriers musulmans venus du Turkestan occidental, les Kachgariens ont le dessus et massacrent presque jusqu'au dernier individu les garnisons et les colons chinois. Mais toujours ceux-ci, revenant à la charge avec une patience infatigable, finissent par reprendre l'avantage et signalent leur retour par des persécutions et des châtiments féroces, qui fournissent d'autre part à la Russie un excellent prétexte d'intervenir pour sauver la population kachgarienne d'une destruction complète.

Pendant toute la durée des xve et xvie siècles, un grand nombre de descendants de Touglouk-Timour-Khan, les fils de Gengis ou Gengissides, régnèrent sur la Kachgarie. Leur domination fut signalée par une série de luttes perpétuelles entre eux pour la suprématie. A plusieurs reprises la Kachgarie se sépara en deux États indépendants, ayant pour capitales Kachgar et Aksou.

L'autorité de ces khans d'origine mongole était, du reste, assez précaire. Ils dépendaient souvent eux-mêmes des khans ousbeks, maîtres, à cette époque, de Boukhara, Samarkande, Kokand et Tachkend. L'accroissement de puissance de ceux-ci dans l'ouest du Turkestan, correspondait toujours à un affaiblissement des khans mongols dans la partie orientale.

Les querelles de ces derniers étaient mises à profit par les nomades habitants du Tian-Chan, qui plus d'une fois prirent part aux guerres civiles, soutenant tantôt l'un, tantôt l'autre prétendant. Non contents de piller la Kachgarie, ils poussaient leurs incursions jusqu'à Kokand et Tachkend, donnant ainsi aux khans ousbeks une raison plausible de se mêler des affaires du Turkestan oriental. C'est de cette façon qu'au commencement du xve siècle, sous couleur de châtier les Mongols nomades, des troupes venues de Samarkande occupèrent Kachgar.

De tous les descendants de Gengis-Khan qui régnèrent en Kachgarie pendant les XVe et XVIe siècles, le plus remarquable fut Sultan-Saïd. Il réussit non-seulement à soumettre les nomades du Tian-Chan septentrional, mais à garantir ses frontières sud et ouest du côté du Kachemir et du Badakh-chan ; et même en 1531-1533, il exécuta avec 50.000 hommes une expédition contre le Thibet. C'était une guerre sainte entreprise contre les infidèles, et qui fut le point de départ d'une série interminable d'autres, dirigées par les khodjas ou chefs des deux sectes religieuses qui se formèrent alors en Kachgarie.

Aux XIVe et XVe siècles, Boukhara et Samarkande devinrent le centre de la science musulmane et comme une pépinière de nombreux docteurs qui, par la prédication de l'islamisme, s'acquirent la renommée glorieuse de saints et de thaumaturges. Au commencement même du XVe siècle, le fanatisme et l'hypocrisie qui florissaient dans ces deux villes atteignirent également Kachgar.

Pourtant, bien que le mahométisme eût pénétré dans le Turkestan oriental dès le VIIIe siècle, le fanatisme n'y fut guère extrême que pendant la courte période de la domination arabe. Dès les siècles suivants, et particulièrement sous le règne des khans mongols, la tolérance religieuse en ce pays frappait les voyageurs européens : Ruysbroeck en 1254, Marco-Polo en 1280, Hoës en 1604. Ces deux derniers même, austères et rigides missionnaires, se plaignent d'avoir trouvé les habitants de la Kachgarie débauchés et dissolus.

Le premier de ces voyageurs visita les pays situés au nord du lac Lob, dans les environs de Karachar. D'après son témoignage, là vivaient des Houïgours, qui se trouvaient sous la domination d'une tribu mongole. Ces Houïgours eux-mêmes étaient idolâtres ; mais dans les villes qu'ils habitaient on trouvait des représentants de la secte chrétienne des nestoriens, vivant côte à côte avec les Sarrasins ou musulmans. Les nestoriens employaient même les caractères houïgours dans leur liturgie. Et plus loin Ruysbroeck raconte sa visite à un de leurs villages, où il entra dans une église avec ses compagnons de voyage et put chanter tout haut, avec une joie sincère, le *Salve Regina*.

Marco-Polo raconte aussi que dans ces contrées il se pratiquait simultanément trois religions : le bouddhisme, le mahométisme et le christianisme. Il affirme même que lors de sa visite à Yarkend, cette ville était la résidence d'un évêque catholique.

Nous trouvons une preuve de tolérance religieuse dans l'histoire de l'ambassade en Chine du fils de Tamerlan, Chakh-Rok, qui dit avoir vu dans la ville de Komoula (Khami), en 1420, des mosquées magnifiques à côté de temples païens.

C'est à dater du XVe siècle que commence l'invasion du Turkestan oriental par d'illustres docteurs, prophètes de la foi musulmane, venant de l'ouest. Leur apparition fait refleurir l'islam ; la tolérance cède le pas à un fanatisme étroit, source de discordes sanglantes et d'une stagnation économique qui, de concert avec les guerres contre la Chine, ont amené l'état déplorable actuel de la Kachgarie.

Au commencement même du XVe siècle, un des Séides, ou descendants de Mahomet, Khodja-Makhtoum-Agziam, savant théologien de Boukhara, visita les principales villes du Turkestan oriental. Il gagna la faveur du khan de Kachgar, en reçut de riches domaines et sut mériter l'estime et la vénération populaires. Plus estimés encore, tant par les princes que par le peuple, furent les deux fils d'Agziam :

Imam-Kalan et Khodja-Isaac-Vali, qui devinrent les patrons religieux des musulmans et fondèrent la puissance des khodjas dans le Turkestan oriental.

Chacun d'eux était entouré d'une foule de sectateurs et d'auditeurs et derviches fanatiques. Bien que leur enseignement religieux différât assez peu, ils n'en arrivèrent pas moins à former deux sectes différentes. Les disciples d'Imam-Kalan se donnèrent le nom d'*Ickites*, ceux d'Isaac, s'appelèrent *Isakites*. Et plus tard les premiers se firent appeler *Ak-taouliniens*, ou montagnards blancs, les autres : *Kara-taouliniens*, ou montagnards noirs. Cette distinction existe encore aujourd'hui, bien qu'elle n'ait plus la même signification qu'à l'origine.

Bientôt les chefs de ces deux partis, ne se contentant plus de l'autorité spirituelle, cherchèrent à acquérir un pouvoir politique, et par là non-seulement séparèrent le pays en deux camps ennemis, mais encore, pour la satisfaction de leurs vues personnelles, le livrèrent d'abord au pouvoir des Djoungares, puis à celui des Chinois.

Les Djoungares, ou Kalmouks, étaient des tribus mongoles habitant les vallées de l'Ili, du Tékesse, du Kounghesse et des deux Youldouze.

Profitant de la chute de la dynastie mongole des Han, à qui venait d'échapper le trône de la Chine, ces peuplades formèrent au commencement du xviiᵉ siècle une confédération à la tête de laquelle se mit un khan d'origine tchorasse, Haldan-Bokochtou. Sous son règne le royaume djoungare s'étendit jusqu'à occuper un vaste territoire borné au nord par la Sibérie, à l'est par les possessions d'un khan mongol de la famille des Kalkas, à l'ouest par les steppes kirghises jusqu'au lac Balkache, et enfin au sud par le Turkestan oriental (ligne de Koutcha, Karachar et Kounia-Tourfan). Les Djoungares se divisaient à cette époque en quatre tribus : les Tchorasses, les Tourgoutes, les Khochotes et les Dourbates ; et cette subdivision persiste encore aujourd'hui. Chaque tribu avait son khan, sous l'autorité supérieure de celui des Tchorasses.

Tant que leur pays conserva une existence indépendante, les Djoungares furent perpétuellement en lutte avec les Chinois ; ce qui ne les empêcha pas de réunir à leurs possessions le Turkestan oriental et même le Thibet. Sous le gouvernement des khans tchorasses, et surtout de Haldan-Bokochtou, le pays fut très-prospère. D'immenses troupeaux de chameaux, de chevaux et de moutons couvraient les riches pâturages des vallées du Tian-Chan oriental. La capitale du pays se trouvait sur les bords de l'Ili, d'où les khans gouvernaient leurs nombreux et nomades sujets.

Ce furent ces Djoungares que le parti kachgare des « montagnards blancs » appela en Kachgarie. Ce parti avait alors à sa tête un certain Appak-Khodja qui, par sa science et son austérité, s'était rendu très-populaire comme chef religieux ; au point de faire ombrage au chef politique de l'État, Ismaïl-Khan, le dernier descendant de la race de Gengis, et l'ami fanatique des « noirs », qui l'obligea de quitter le pays. C'est alors qu'Appak-Khodja, pour se venger, livra sa patrie aux Djoungares, en appelant à son aide Haldan-Bokochtou. Celui-ci s'empressa de profiter de cette excellente occasion, et en 1678 il s'empara de la Kachgarie, renversa Ismaïl-Khan et installa Appak comme son lieutenant à la tête du pays. Puis il s'en retourna lui-même sur les bords de l'Ili, emmenant prisonnière la famille du khan détrôné.

Il ne changea rien du reste au gouvernement intérieur de la Kachgarie, et se contenta d'un tribut en argent de 400.000 *tengas* par mois (environ 2.000.000 de francs par an).

Bientôt toutefois Appak renonça à sa dignité temporelle, et pour faire oublier sa trahison, il fut chercher à Outch-Tourfan, un frère d'Ismaïl-Khan, Mohamed-Emil, auquel il fit donner l'autorité souveraine et qu'il poussa à secouer le joug de la Djoungarie. Mais ce tardif repentir du traître fut peut-être plus funeste encore à son pays que son crime.

Emil-Khan fit d'abord une incursion heureuse sur le territoire djoungare et en ramena 30.000 prisonniers des deux sexes, beaucoup de bétail et de butin. Puis, craignant la vengeance des Kalmouks, il s'enfuit dans les montagnes, où il fut tué par un de ses compagnons.

Après sa mort Appak-Khodja reprit le pouvoir, et mourut lui-même peu après, en laissant l'autorité aux mains de sa femme. Celle-ci s'entoure de derviches fanatiques et fait assassiner le fils aîné d'Appak, pour assurer le trône à son propre fils Mekhdi. Mais elle tombe bientôt victime de ses propres intrigues et meurt sous le couteau d'un derviche.

Sa mort est le signal d'une lutte sanglante entre Yarkend et Kachgar, la première ville soutenant le khodja « noir, » Daniel, l'autre le khodja « blanc, » Achmet. Daniel appelle d'abord à son aide les hordes kirghises, dont le chef, le sultan Achem, devient un moment khan de Yarkend. Puis ayant appris que les Djoungares se rassemblaient enfin en grandes forces pour punir l'incursion d'Emil-Khan, Daniel-Khodja, afin de s'assurer le soutien des ennemis de son pays, se réunit avec les gens de Yarkend aux troupes kalmoukes qui marchaient déjà sur Kachgar. De concert avec elles il bat les Kachgariens dans plusieurs rencontres et les contraint à rendre la ville.

Cette fois encore les Djoungares se montrèrent fort modérés dans la victoire. Il n'y eut ni pillage ni massacre. Après la prise de la ville ils mirent à sa tête un khakim (gouverneur) choisi par le peuple lui-même et retournèrent chez eux, emmenant à la fois Khodja-Daniel et Khodja-Achmet, leurs familles et leurs principaux partisans.

A la mort de Haldan-Bokochtou, Tsapan-Raptan monta sur le trône djoungare, en 1720. Ce souverain confia le gouvernement des six villes de la Kachgarie à Daniel-Khodja, qui, revenant à Yarkend, en fit sa capitale et désigna lui-même les khakims de toutes les villes. Son fils aîné resta toutefois comme otage à la cour de Djoungarie.

C'est probablement de cette époque que date la dénomination d'Altychar (les six forteresses), donnée depuis à la Kachgarie. Ces six villes étaient : Kachgar, Yanghi-Hissar, Yarkend, Khotan, Aksou et Koutcha. Plus tard, quand Yakoub-Bek réunit encore à ces six villes celle de Karachar (la forteresse noire), on commença à désigner la Kachgarie sous le nom Djitychar (les sept forteresses.)

A l'avénement de Haldan-Tchirin au trône de Djoungarie, ce prince confirma les droits de Daniel-Khodja et fortifia ainsi la domination des khodjas « noirs » en Kachgarie. Puis quand Daniel mourut, Haldan-Tchirin envoya des lettres scellées du sceau royal à ses quatre fils, qu'il fit régner ainsi : l'aîné à Yarkend, le second à Kachgar, le troisième à Aksou, et le quatrième, Younouss, à Khotan. En partageant de cette façon la Kachgarie, il comptait l'affaiblir et la rendre moins redoutable.

Younouss-Khodja, le plus énergique et le plus ambitieux des quatre frères, connaissant la faiblesse de la Djoungarie, résolut de rendre l'indépendance à son pays et se mit à préparer activement les moyens de la conquérir. Ses préparatifs furent dénoncés aux Djoungares par les khakims d'Aksou et d'Outch-Tourfan, qui leur étaient dévoués. Mais à cette époque les Djoungares eux-mêmes étaient trop occupés de leurs querelles intérieures, pour pouvoir étouffer dès le début la révolte d'Younouss.

En effet Haldan-Tchirin était mort, et il avait éclaté dans sa famille, pour la prééminence, une lutte qui se termina par le massacre réciproque de ses héritiers directs. Un de ses parents éloignés, Amoursana, chef de l'une des grandes familles kalmoukes, eut l'idée de mettre à profit ces dissensions et de faire, avec des gens à lui, une tentative pour s'emparer du trône de Djoungarie. Ayant échoué, il reconnut avec les siens, en 1774, la suzeraineté de la Chine. Les fils du Céleste-Empire ne négligèrent pas l'excellente occasion qui s'offrait de mettre la main sur la Djoungarie. Une de leurs armées l'envahit immédiatement. Amoursana, marchant à sa suite, réussit à entraîner les chefs des principales familles à se déclarer pour les Chinois, et bientôt ceux-ci se virent, sans combat, maîtres de tout le pays.

Le dernier khan djoungare, le faible Tavatsi, s'enfuit sans résistance à Outch-Tourfan, comptant trouver un refuge auprès du khakim de cette ville, qu'il avait peu de temps auparavant nommé lui-même. Mais la reconnaissance et la loyauté étaient le moindre souci des politiques de cette époque. Le khakim fit boire Tavatsi et le livra ivre-mort au général chinois.

Amoursana, une fois maître, avec l'appui des Chinois, de la Djoungarie, conçut le plan de s'emparer aussi de la Kachgarie. Et comme il ne disposait pas de forces suffisantes, il résolut, pour atteindre son but, de profiter des luttes intestines des khodjas « blancs » contre les khodjas « noirs. » A cette époque des chefs de ce dernier parti régnaient à Yarkend et à Kachgar. C'étaient Padcha-Khan, et Djahan-Khan, tous deux fils de Younouss. Amoursana, connaissant l'attachement des Kachgariens aux khodjas du parti « blanc, » chercha quelque représentant de cette faction, avec l'aide duquel il comptait se rendre facilement maître du pays. Dans cette intention il choisit, d'accord avec le chef des troupes chinoises, deux fils d'Achmet : Bourkhaneddin et Khodja-Khan, qui vivaient dans l'exil.

Gardant ce dernier près de lui comme otage, il forma pour Bourkhaneddin une petite armée avec des Kalmouks, quelques Chinois et émigrés venus du Turkestan oriental ; puis il marcha sur Aksou, dont les habitants se déclarèrent pour Bourkhaneddin, lequel, ayant ainsi augmenté ses forces, s'avança jusqu'à Outch-Tourfan, où on l'accueillit également avec joie. Toutefois il y fut bientôt assiégé par des troupes nombreuses levées par les khodjas « noirs » de Yarkend et de Khotan, et auxquelles s'était jointe la milice de la ville de Kachgar ainsi qu'une foule de Kara-Kirghises. Il n'avait qu'une armée insuffisante pour leur résister ; mais à la première affaire la trahison lui vint en aide. Les sympathies de ceux de Kachgar pour le parti « blanc » se réveillèrent ; les Kirghises, très-probablement achetés, passèrent de son côté, et le chef du parti « noir » ne put que s'enfuir à grand'peine avec les débris de son armée.

Encouragé par ce facile succès, Bourkhaneddin marcha sur Kachgar, qu'il occupa sans résistance. Il y installa comme khakim le Kirghise Kabid, et se porta de suite sur Yarkend. Dans cette ville régnait alors le khodja « noir » Djahan, très-aimé de ses sujets pour sa douceur et la noblesse de son caractère. Les habitants étaient décidés à se défendre jusqu'au bout, et Djahan repoussa fièrement les sommations qui lui furent faites de se soumettre à l'autorité des Chinois.

La lutte fut d'abord indécise et la victoire semblait même incliner du côté des assiégés, quand Bourkhaneddin eut de nouveau recours au moyen qui lui avait si bien réussi à Outch-Tourfan, la trahison. Deux hauts dignitaires de la cour, séduits par ses promesses, conspirèrent en sa faveur. Dans une sortie générale exécutée par 40.000 hommes, au moment où le triomphe de la défense était complet, les conjurés, jetant tout à coup leurs drapeaux, s'enfuirent et mirent le désordre dans les rangs de l'armée. Une panique générale s'ensuivit. On se précipita vers les portes et un grand nombre des défenseurs de la ville furent massacrés ; Khodja-Djahan s'échappa pendant la nuit, et le lendemain les habitants se rendirent à Bourkhaneddin. Celui-ci fit poursuivre le khodja et les partisans qui l'avaient accompagné ; ils furent faits prisonniers après une vive résistance, ramenés à Yarkend et mis à mort.

C'est de cette sanglante façon que fut rétabli en Kachgarie le règne des khodjas « blancs » qui s'étaient reconnus sujets de la Chine. Et c'est ainsi que les Chinois, sans presque aucun effort, parvinrent en quelques années à étendre leur domination sur deux vastes empires : la Djoungarie et la Kachgarie.

Toutefois dans ces deux pays cette domination, que n'appuyait pas une force active suffisante, resta plus nominale que réelle. Dès 1757 nous voyons se soulever contre elle, en Djoungarie, Amoursana et en Kachgarie Bourkhaneddin.

Après avoir livré son pays aux Chinois, Amoursana s'était bientôt convaincu que ceux-ci le considéraient seulement comme un instrument, dont ils avaient fait usage pour asservir la Djoungarie et dont ils se débarasseraient à la première occasion favorable. Profitant alors de ce que la plus grande partie des troupes étaient retournées en Chine, il se révolte contre les étrangers qu'il avait lui-même appelés, et se proclame khan. Son plan réussit tout d'abord : 500 Chinois et leur chef sont massacrés ; les Kalmouks reconnaissent l'autorité d'Amoursana.

Mais un peu plus tard, ayant appris qu'une nouvelle armée chinoise s'avance contre lui et n'ayant pas l'énergie de défendre son royaume, il s'enfuit par les steppes kirghises jusqu'en Sibérie, où il meurt de la variole l'année suivante (1).

Une seconde fois l'armée chinoise occupa la Djoungarie sans résistance. Les Chinois pensèrent sans doute que si leur autorité n'était pas solidement assise en ce pays, c'est que la conquête s'en était faite sans effusion de sang ; aussi dès l'année suivante (1758), prenant pour prétexte quelques insurrections partielles sans importance, l'empereur envoya trois armées, sous le commandement de Tchao-Khoï et de Fou-dé, avec ordre d'exterminer les Djoungares. Ce fut le signal d'un massacre épouvantable, sans distinction d'âge ni de sexe, et près d'un million d'êtres humains périrent dans cette atroce boucherie. Cent ans après, lors de l'insurrection des Dounganes, environ 500.000 Chinois, Kalmouks et autres furent encore massacrés dans cette même contrée.

Le royaume djoungare cessa d'exister. Une faible partie seulement de la tribu kalmouke des Dourbates fut épargnée, et le reste des habitants de ce pays, jadis si riche, furent anéantis. Un petit nombre, dix mille tentes au plus, se sauvèrent en s'enfuyant dans les steppes kirghises, sous la conduite du sultan Taïcha-Seren ; ils parvinrent à échapper au massacre en se réfugiant chez les Kalmouks russes du Volga.

La Djoungarie fut divisée en sept districts. Ceux d'Ili, de Tarbogataï et de Kour-Kara-Oussou, constituèrent la vice-royauté d'Ili ; les districts de Raskoul et d'Ouroumtchi furent

____

(1) Il y a une vingtaine d'années les indigènes attendaient encore son retour, et beaucoup de Torgautes-Kalmouks demandèrent au voyageur russe, M. Goloubeff, « s'ils ne reverraient pas bientôt leur brave Amoursana, parti depuis longtemps pour demander au tsar blanc son appui contre les Chinois. » Ainsi, Amoursana, après avoir livré son pays et causé indirectement la mort de tant de milliers de ses compatriotes, est resté dans la mémoire du peuple un héros qui doit venir un jour le délivrer. Ce fait prouve assez combien est souvent aveugle la foi naïve des nations ignorantes envers leurs bienfaiteurs.

réunis à la province du Han-sou; et enfin les deux autres : Koledo et Oulassoutaï reçurent un gouvernement particulier. Sur l'emplacement où résidaient les khans djoungares, les Chinois bâtirent la ville de Kouldja, introduisirent dans le pays des colonies militaires recrutées dans les tribus mongoles et parmi les soldats de l'étendard vert habitant sur les confins de la Mandchourie : Sibos, Solanas, Daours etc ; ils y transportèrent même des criminels et des vagabonds qui ne possédaient pas de terres en Chine. Et c'est probablement aussi à cette époque qu'ils firent émigrer en Djoungarie, de leurs provinces occidentales (le Han-sou et le Chan-si), les musulmans connus sous le nom de Dounganes. En outre l'année 1771 vit le retour en Djoungarie d'une grande partie des Kalmouks qui, au commencement du XVIIe siècle, avaient émigré en Russie avec le khan Kho-Ourlouk. Enfin, dans les guerres qui suivirent, avec le Turkestan oriental, les Chinois envoyèrent une partie de ses habitants en Djoungarie, où ils sont connus sous le nom de Tarantcheï. (1)

Après l'anéantissement de la Djoungarie, les Chinois s'empressèrent de tourner leurs armes contre la Kachgarie, sous prétexte d'y apaiser une insurrection, mais en réalité bien plutôt pour conquérir ce pays. Car la campagne entreprise par Bourkhaneddin avec quelques centaines de Chinois et de Kalmouks, n'avait pas suffi pour imposer à la population le joug insupportable de la domination chinoise.

Aux premières nouvelles d'une insurrection kachgare, Tchao-Khoï, vice-roi d'Ili, fit marcher sur Koutcha, par le défilé de Mousart, un détachement composé de 2.000 Kalmouks et quelques Mandchoux. La ville était prête à faire une résistance opiniâtre et cette poignée d'hommes dut

____

(1) Les agriculteurs; parce qu'ils y furent employés à la culture des terres appartenant à l'Etat.

rebrousser chemin sans succès. Alors Tchao-Khoï envoya un nouveau corps de 10.000 hommes, Mandchoux et Chinois, qui, passant par Kounia-Tourfan, se dirigèrent également sur Koutcha.

De son côté, le khodja de Yarkend envoya au secours de la ville menacée un corps de 10.000 hommes de troupes d'élite. Les Chinois battirent cette armée et assiégèrent la ville. Ils ouvrirent la tranchée à un « li » (environ 400 mètres) des remparts ; mais au moment où ils commençaient à s'approcher de la place, les assiégés lâchèrent des écluses et noyèrent 10 officiers et 600 soldats. La situation des assiégeants était assez critique, et ils songeaient déjà à se retirer quand la fuite du khodja leur vint en aide. Les habitants, démoralisés, ouvrirent leurs portes.

Malgré cette reddition volontaire, plus d'un millier d'hommes furent massacrés par les vainqueurs lors de leur entrée dans la ville. A cette nouvelle, l'empereur de Chine, Tsian-Loun, irrité que son général eût laissé échapper le khodja coupable et massacrer les soldats qui s'étaient rendus, le fit décapiter lui-même ; en même temps il prescrivait au vice-roi d'Ili, Tchao-Khoï, et à son lieutenant Foudé, d'entrer en Kachgarie avec de nouvelles troupes.

La marche des Chinois fut très-rapide ; mais leurs forces étaient insuffisantes et leur plan mal conçu. S'étant porté sur Aksou et ayant occupé cette ville, Tchao-Koï se dirigea sur Yarkend avec 2.000 cavaliers d'élite, ordonnant à son lieutenant Fou-dé de le suivre avec l'infanterie.

Le khodja sortit de Yarkend avec 10.000 hommes, dispersa les Chinois et les força de revenir en toute hâte sur Aksou, où ils prirent leurs quartiers d'hiver. Puis, ayant reçu des renforts de Chine, Tchao-Khoï marcha de nouveau sur Yarkend, dont il s'empara cette fois sans combat. Le khodja accompagné de ses partisans s'enfuit à Khotan.

Tchao-Khoï se porta sur cette ville. Khodja-Khan, frère de Bourkhaneddin, sortit à sa rencontre en ordre de bataille, mais fut battu et s'enfuit. La ville se rendit sans se défendre. Tchao-Khoï-envoya son lieutenant Fou-dé du côté du Badakh-chan, à la poursuite des khodjas et se dirigea vers Kachgar, qu'il occupa sans éprouver de résistance. Fou-dé atteignit les khodjas et mit en déroute les partisans qui les avaient accompagnés. Quatre khodjas furent tués dans la mêlée et deux faits prisonniers. Seul un fils de Bourkhaneddin, nommé Sarym-Sak ou Saali-Khodja, parvint à se sauver.

C'est ainsi qu'en 1758 la Kachgarie fut conquise par les Chinois. La faible résistance qu'on leur opposa témoigne autant du peu de patriotisme et de bravoure de la nation, que de son antipathie pour le gouvernement des khodjas.

Il faut croire que le peuple, en livrant aux ennemis de grandes villes sans combattre, espérait trouver au moins, sous une domination étrangère, le repos dont les habitants de la Kachgarie étaient privés depuis si longtemps.

Par bonheur pour ce malheureux pays, le général chinois Tchao-Khoï, par sa modération et sa prudence, sut alléger pour les habitants le poids du joug étranger.

Son rapport à l'empereur Tsian-Loun, daté du camp devant Kachgar, le 13 septembre 1759, fut considéré comme un modèle, et des copies en furent envoyées à tous les fonctionnaires du gouvernement chinois pour leur servir de règle de conduite. Ce curieux document retrace avec assez de précision l'état dans lequel les Chinois trouvèrent la Kachgarie, et nous allons en donner ici quelques extraits.

On voit d'abord qu'outre les six villes principales : Kachgar, Yarkend, Khotan, Yanghi-Hissar, Aksou et Koutcha, les Chinois comptent encore en Kachgarie 13 autres villes plus petites et 16.000 villages, hameaux ou métairies.

La population de la Kachgarie, d'après l'estimation des

fonctionnaires chinois, se composait de 50.000 à 60.000 familles, non compris celles qui s'étaient enfuies avec le khodja et 12.500 condamnés politiques envoyés en exil sur les bords de l'Ili pour le défrichement des terres.

Dans le district de Kachgar proprement dit, on ne comptait que 16.000 familles, formant 100.000 personnes, et la population de la Kachgarie entière montait à 375.000 âmes. La ville de Kachgar avait un peu plus de 10 « li » (environ 4 kilomètres 1/2) de circonférence. Elle était misérable et déserte. On n'y comptait que 2.500 familles. A l'est de Kachgar, en allant vers Aksou et Outch-Tourfan, on trouvait trois villes et deux villages. La population réunie de tout l'ensemble ne dépassait pas 60.000 familles.

A l'ouest de Kachgar vivaient les Bouroutes d'Andijane (Kirghises de la roche), et de ce côté on trouvait trois villes et deux villages. Au sud de Kachgar, sur la route de Yarkend, encore deux villages et deux villes, dont l'une était Yanghi-Hissar. La population de tout ce groupe allait de 4.000 à 4.100 familles.

Enfin au nord de Kachgar on retrouvait encore des Bouroutes. Mais avant d'arriver chez eux il fallait traverser une ville et un village peuplés ensemble de 800 familles.

Des guerres civiles perpétuelles avaient ruiné le pays au point que, sous le dernier khodja, il ne payait plus aux Djoungares qu'un tribut de 20.000 onces d'argent et 2.564 batmans de blé (10.500 kilog.). Mais il faut dire que cette diminution du tribut payé aux Djoungares, pouvait bien tenir aussi à l'affaiblissement de l'autorité de ceux-ci sur la Kachgarie.

Le sol du territoire fut trouvé par Tchao-Khoï assez peu fertile : la récolte ordinaire produisait 4 ou 5 pour un ; dans les bonnes années on obtenait jusqu'à 8, dans les mauvaises seulement 2 ou 3.

La guerre heureusement terminée, et la tête du khodja exposée à Pékin dans une cage de fer, l'empereur Tsian-Loun récompensa magnifiquement ses généraux, et à partir de 1760, les Chinois gouvernèrent paisiblement le pays. Cette tranquillité ne fut troublée qu'une seule fois, par l'insurrection partielle d'Outch-Tourfan, en 1765. Les habitants de cette ville, poussés à bout par la cruauté de leur gouverneur, le mirent à mort et massacrèrent jusqu'au dernier soldat la petite garnison chinoise. Les premières troupes envoyées pour les réduire furent battues, et il fallut une expédition sérieuse et un siége en règle pour avoir raison des révoltés, qui se défendirent énergiquement pendant trois mois. Enfin la ville fut prise d'assaut, et, sur un ordre venu de Pékin, tous ses habitants, sans exception, furent exterminés. Puis on la repeupla au moyen d'individus amenés des autres points du territoire.

Ces mesures radicales étouffèrent l'insurrection, et si la barbarie de la répression ne fit qu'accroître la haine des vaincus pour les vainqueurs, elle empêcha les premiers de manifester leurs sentiments.

En réalité, depuis lors, les Chinois restèrent pendant soixante ans les maîtres incontestés du pays ; et ils croyaient leur domination à jamais assurée, quand en 1825, l'apparition en Kachgarie du khodja Djenghir avec une poignée d'hommes, vint renverser en quelques mois l'édifice qu'ils avaient mis soixante-cinq ans à construire. Cette nouvelle révolution mit en lumière à la fois la fragilité du gouvernement qu'ils avaient organisé dans le pays conquis et la haine de la population pour ses dominateurs.

En raison de l'intérêt particulier que présente la question du système de gouvernement à adopter pour les territoires soumis en Asie, nous allons examiner le plus en détail possible comment les Chinois avaient résolu le problème relativement à la Kachgarie.

Nous répétons que les mesures adoptées par Tchao-Khoï dans ce pays, après la conquête, avaient été considérées comme dignes de servir de modèle. Voici en quoi elles consistaient :

Avant tout, on garantit aux habitants l'inviolabilité de leur religion et de leurs usages. Vint ensuite le châtiment des coupables. Les khodjas faits prisonniers furent solennellement décapités. On rechercha parmi la population les 12.500 principaux partisans de la dernière insurrection, ce qui, sur un total de 375.000 âmes, représentait environ 15 0/0 de la population mâle adulte, et on les envoya comme condamnés politiques à Ili pour y être employés aux travaux agricoles sur les domaines de l'État. C'est de là qu'ils prirent le nom de *tarantchéï*.

Les biens considérables des khodjas et de ces 12.500 exilés furent confisqués au profit du Trésor.

Par ces deux dernières mesures, les Chinois atteignirent un double but : 1° Ils éloignèrent du pays la partie la plus remuante de la population, et 2° ils devinrent propriétaires de vastes étendues de terrain qu'ils purent coloniser. Au début, ces terres furent affermées à des particuliers auxquels on imposa l'obligation de payer au fisc la moitié de tous leurs revenus.

Pour maintenir le pays conquis dans l'obéissance, Tchao-Khoï établit partout des garnisons, qui furent d'abord très-peu nombreuses, puisque dans le district de Kachgar, par exemple, elles ne se composaient que de 450 Mandchoux et de 900 Chinois ; sur les points moins importants il n'y avait même en tout qu'une centaine de ces derniers. Mais à mesure de l'arrivée des renforts envoyés de Chine, la force de ces garnisons fut beaucoup augmentée. Les habitants étaient obligés de fournir aux soldats des vivres qu'on leur payait sur la caisse de l'État, au prix courant des marchés.

Pour l'administration le pays fut divisé en districts. Dans chacun d'eux on conserva d'abord les mêmes emplois et fonctions que du temps des khodjas. Les principaux fonctionnaires furent nommés par Tchao-Khoï lui-même, et choisis parmi les indigènes. Plus tard, les *khakims* (gouverneurs) des villes furent nommés par la cour de Pékin.

Il ne fut rien changé au chiffre ni au mode de perception des impôts. Et même le général chinois, dans son rapport à ce sujet, fit valoir la diminution de la population et la misère extrême de la Kachgarie, pour demander l'indulgence de l'empereur envers les habitants de ce malheureux pays.

Pour relever le commerce, qui se trouvait en pleine décadence, Tchao-Khoï prit différentes mesures et modifia notamment le système monétaire. La monnaie courante en Kachgarie était une pièce de cuivre dite : *poul* et valant deux *kach* chinois ; 50 *pouls* faisaient un *tenga*. Sous Haldan-Tchirin ces monnaies portaient sur une face l'image du souverain et sur l'autre une sentence musulmane.

Tchao-Khoï ordonna de fondre les canons hors de service trouvés à Kachgar, dont le poids total atteignait 7.000 livres, et fit frapper 500,000 pièces de menue monnaie portant d'un côté l'inscription : *Tsian-Loun-doun-bao*, c'est-à-dire monnaie de cuivre de Tsian-Loun, et au revers les mots : Ville de Kachgar.

Toutes les dispositions prises par Tchao-Khoï furent approuvées à Pékin et servirent de base au système de gouvernement adopté pour la Kachgarie. Pendant toute la période suivante, les principes essentiels en restèrent en vigueur, c'est-à-dire :

1º Inviolabilité de la religion et des coutumes ; 2º l'administration, la répartition et la levée des impôts sont, comme la justice, aux mains de fonctionnaires indigènes, sous le contrôle, en réalité très-peu sérieux, des hautes autorités chinoises; 3° le chiffre des impôts reste le même qu'au temps de la domination djoungare; 4° chaque cercle n'a à payer que l'entretien des troupes et les frais de l'administration locale.

Voyons maintenant comment les Chinois ont exécuté ce programme.

Le Turkestan oriental forma deux provinces de la Chine : la Djoungarie et la Kachgarie, dont l'ensemble constitua une lieutenance ou vice-royauté, à la tête de laquelle fut placé un *dzian-dzioun* ou vice-roi. La Kachgarie fut divisée en six cercles ou gouvernements : Yarkend, Kachgar, Yanghi-Hissar, Aksou, Outch-Tourfan et Koutcha, formant par leur réunion un gouvernement général, dont le chef, qui avait le titre de *khova-amban*, était le subordonné du *dzian-dzioun*. A la tête de chaque cercle était un *amban* subordonné de même au *khova*.

L'*amban* avait sous ses ordres à la fois la population civile et la garnison, dont le chef immédiat était le *djintaï-amban*, qui représentait en quelque sorte l'adjoint de l'*amban* pour la partie militaire.

Dans chaque gouvernement l'administration réelle de la population appartenait à un *khakim-bek*, choisi par le *khova amban* parmi les indigènes. Ce choix devait d'ailleurs être ratifié, d'abord par le *dzian-dzioun*, puis à Pékin, successivement par deux hauts dignitaires de l'empire et finalement par un conseil supérieur de douze membres, le *lipayak*, qui statuait en dernier ressort.

Le *khakim-bek* avait un adjoint : l'*ichik-aga-bek*, et chaque cercle était divisé en districts à la tête desquels étaient des *mirab-beks*, nommés par le *khova-amban* sur la proposition du *khakim*, et confirmés dans leurs fonctions par le *dzian-*

dzioun. Ces *mirab-beks* avaient comme adjoints, pour la perception des impôts, des fonctionnaires subalternes appelés *min-beghi-beks.*

Dans le cercle de Kachgar on comptait seize districts avec des *mirab-beks*; chacun d'eux renfermant une ou plusieurs communes et une certaine quantité de terres arables affectées à celles-ci.

Les principaux districts étaient ceux de : Mouch, Sarman, Kourgan, Karakir, Tazouzak, Tazgoun, Khanaryk, Kyzyl-Bouï, Faïzabad, Yangobat, Oupal, Tach-Balyk, Argoun, Oustoun-Artouch, Altyn-Artouch, Bich-Karan. Dans chaque district, suivant son étendue, se trouvaient un certain nombre de *youz-bachis*, correspondant aux *aksakals* actuels du Turkestan russe, et dont il pouvait y avoir jusqu'à cinquante dans les districts les plus considérables. Les *youz-bachis* étaient désignés par le *mirab-bek* et nommés par le *khakim.* Ils avaient pour adjoints des *oun-bachis* (dizainiers), nommés également par ce dernier fonctionnaire. Enfin au dernier échelon de cette hiérarchie compliquée se trouvaient les *agalagtchi,* sorte de messagers.

Tout ce personnel était pris parmi les indigènes, et à côté des fonctionnaires que nous venons d'énumérer, il en existait d'autres encore, choisis également parmi les musulmans. C'était d'abord le *naghib-bek* et le *divan-beghi-bek,* agents à la disposition du *khakim* et considérés comme candidats au poste d'*ichik-aga-bek.* C'étaient ensuite : le *kazi* (juge) et le *moufti* (interprète de la loi); le *padchachab* (roi de la nuit), chef de la police nocturne; le *moukhtasaïb* ou *raïs,* inspecteur des temples, des écoles et des mœurs. Il portait comme attribut un fouet de cuir dont il avait le droit de frapper tous les coupables, sans distinction d'âge ni de sexe. Au-dessous de lui étaient les *moudaris* ou maitres

Il y avait encore : le *moutavalli-bek*, administrateur des biens du clergé, dont les revenus étaient employés à l'entretien des mosquées et des établissements religieux ; le *badaoulir-bek* ou collecteur des droits de douane ; le *kereyarak-bek*, inspecteur des marchandises étrangères, et dont les fonctions se réduisaient, de l'aveu naïf des indigènes, à prendre sans payer dans les produits importés, tout ce qui pouvait plaire à l'*ambane*.

Citons enfin l'*arbab-bek* ou maître des voitures (*arbas*), chargé de fournir les chevaux, voitures et moyens de transport en général, nécessaires aux troupes ou aux fonctionnaires publics. Il devait se procurer tout cela par réquisition auprès des habitants et le leur rendre ensuite.

Le *bagh-mekhter* avait la surveillance des jardins et vignobles appartenant à l'Etat, et les *kouk-bachis* étaient chargés de diriger les travaux d'irrigation.

Les Chinois, n'ayant rien changé aux impôts que les Kachgariens payaient aux Djoungars, ne s'occupèrent nullement de la confection des rôles (*defters*), se réservant seulement le droit de les vérifier. La confection de ces rôles, la perception des impôts et leur versement dans les caisses publiques, étaient l'affaire des *mirab-beks* et de leurs adjoints les *min-beghi*, ainsi que des *youz-bachis*. Quant à la population nomade des cercles, elle ne relevait pas des *khakim-beks*, mais, avait ses chefs particuliers chargés de percevoir les impôts et de les remettre directement à l'*ambane*.

D'après les notions que l'on possède sur la domination chinoise dans le Turkestan oriental à l'époque que nous examinons, il est très-dificile de se faire une idée précise, tant du chiffre réel de la population trouvée par les Chinois en Kachgarie, que du montant des impôts qu'ils se faisaient payer par les habitants. Néanmoins, à cause de l'intérêt que présen.ent ces questions, nous avons essayé, au moyen des données éparses dans différents ouvrages, complétées par des renseignements pris sur place, de déterminer approximativement les chiffres moyens de la population et des impôts dans les différents cercles. Voici, pour la période de 1760 à 1825, entre quelles limites on peut fixer le nombre d'habitants de chacun des cercles de la Kachgarie :

Cercle de Kachgar	de	100.000	âmes à		150.000
— de Yarkend	de	200.000	—	à	400.000
— de Khotan	de	100.000	—	à	700.000
— d'Aksou	de	150.000	—	à	200.000
— de Koutcha	de	25.000	—	à	50.000
En tout	de	575.000	âmes à		1.500.000

Quant à la valeur des impôts payés par l'ensemble du pays, elle pouvait s'élever approximativement à un total de 400.000 roubles, dont environ 300.000 en espèces, et le reste en produits naturels, tels que : grains, cuivre, soufre, salpêtre, tissus de laine et autres, etc.

Les Chinois employaient le produit de ces revenus presque uniquement à l'entretien de leurs garnisons et de l'administration. On n'exportait à Kouldja que le cuivre, le soufre, le salpêtre et quelques étoffes.

L'effectif des troupes entretenues par les Chinois en Kachgarie ne peut être déterminé non plus avec exactitude ; mais voici quelle était à peu près la force de leurs différentes garnisons :

A Kachgar	de	6.000	à	10.000	hommes.
A Yarkend	de	2.000	à	3.000	id.
A Khotan	de	2.000	à	3.000	id.
A Aksou	de	3.000	à	4.000	id.
Sur les autres points	de	4.000	à	5.000	id.
Soit en tout	de	17.000	à	25.000	hommes.

A ces troupes, composées de Chinois et de Mandchoux, s'ajoutaient encore celles recrutées chez les Dounganes et dont le nombre pouvait s'élever de 10.000 à 15.000 hommes; ce qui donne pour le total général de toutes les troupes chinoises stationnées dans le pays, le chiffre de 27.000 à 40.000 hommes. La plus grande partie consistait en infanterie armée d'arcs et de fusils à mèche.

Quant au traitement des fonctionnaires administratifs, il n'en était payé qu'à ceux de nationalité chinoise. Les *khakims-beks* étaient les seuls musulmans qui partageassent ce privilége. Tous les autres recevaient, au lieu de traitement, la jouissance temporaire d'un terrain d'une certaine étendue, pris parmi les propriétés confisquées, et que le peuple était obligé de cultiver gratuitement à leur bénéfice.

En fait de tolérance religieuse, les Chinois se montrèrent très-humains. Dans les villes qu'ils occupaient, les mosquées continuèrent de subsister côte à côte avec les pagodes bouddhistes. Ils n'intervenaient en aucune façon dans le choix des *mollahs* (prêtres), auxquels ils accordaient même certains priviléges exceptionnels.

De même ils ne touchèrent en rien aux mœurs et aux usages du peuple, lui laissèrent les tribunaux musulmans et ne se mêlèrent jamais du choix des *kazis* et *mouftis*. Ils se réservaient d'ailleurs le droit d'envoyer leurs légistes assister aux audiences de ces tribunaux, afin de ne pas permettre un excès d'indulgence, de la part des musulmans, vis-à-vis de leurs compatriotes.

Les habitants purent conserver le costume national, sauf les fonctionnaires, qui furent obligés de porter la longue chevelure et les vêtements des Chinois. Il n'y eut d'exception que pour les *mollahs* et *kazis*, auxquels on laissa le costume musulman.

Le gouvernement chinois récompensa aussi les services des

hauts fonctionnaires musulmans par des titres et des distinctions honorifiques analogues à ceux en usage en Chine, et introduisirent chez eux toute la hiérarchie des boutons de diverses couleurs, avec ou sans plumes de paon, etc.

Mais d'autre part ils firent pénétrer également dans la population leurs habitudes de servilité. Ainsi, quand un fonctionnaire chinois se promenait par les rues, tous les musulmans qui le rencontraient devaient descendre de cheval. Il fallait se mettre à genoux sur le passage de l'*amban* ; et quand il se rendait à la pagode, tous les fonctionnaires musulmans, y compris les *khakims-beks*, devaient se placer à l'entrée, à genoux, les mains jointes derrière le dos. Les casuistes chinois leur expliquaient bien qu'ils se tenaient ainsi non pas devant l'*amban*, mais devant l'image du Fils du Ciel, qui se trouvait dans la pagode. C'était malgré tout une maigre consolation, et l'on peut croire que les obligations humiliantes ainsi imposées par les Chinois aux musulmans, paralysèrent en grande partie les bons effets du 'système de gouvernement qu'ils avaient adopté.

Quant à leur code pénal, il semble que les Chinois ne fussent pas, à beaucoup près, aussi cruels, au moins *en temps de paix*, que beaucoup d'écrivains l'ont affirmé. La peine de mort était assez rarement appliquée. Les arrêts n'étaient prononcés qu'après une enquête soigneuse. Le *khova-amban* avait le droit de juger tous les habitants, sauf les fonctionnaires. *L'amban* ne pouvait prononcer la peine de mort que pour crimes politiques. Quand un fonctionnaire avait encouru cette peine, l'*amban* en rendait compte au *khova-amban*, et celui-ci au *dzian-dzioun*, ou vice-roi, qui seul avait qualité pour ratifier une condamnation capitale.

Au reste, l'adresse des Chinois avait bien su trouver un biais pour éviter cette longue procédure. L'*amban* et le *khova-amban*, avaient le droit de destituer les fonctionnaires, sauf leurs supérieurs, bien entendu. En conséquence, ils commençaient, avant tout, par destituer le coupable, et le faisaient ensuite exécuter comme un simple mortel.

Les exécutions se passaient avec une grande solennité. Le condamné, quel que fût son crime, était amené sur la place de la ville, escorté par les troupes et accompagné d'un grand concours de peuple. On le plaçait debout en face de la foule, les mains liées derrière le dos. Puis un bourreau s'avançait et se mettait à aiguiser un grand coutelas sous ses yeux. Le pauvre diable suivait naturellement cette opération avec la plus grande attention, et ne pouvait détourner la vue de ce couteau qui semblait destiné à l'égorger. C'est alors que, pendant qu'il était ainsi préoccupé, le véritable bourreau s'approchait de lui par derrière et lui faisait sauter la tête d'un coup de hache.

En outre, certains crimes étaient punis par les Chinois de ce qu'ils appelaient la *mort civile.* Par un jour de beau soleil on menait, avec différentes cérémonies, le coupable en face d'un arbre, et l'on décapitait l'ombre projetée par son corps sur celui-ci. Puis on le reconduisait dans sa maison, dont il lui était défendu de plus jamais franchir le seuil. Aux questions que l'on pouvait faire sur son compte à ses parents, ceux-ci étaient obligés de répondre : Il est mort tel jour.

Quant à ce qui concerne l'existence intime de la population musulmane sous la domination chinoise, on a très-peu de données sur cette importante question. En 1812, le voyageur musulman Mir-izet-oullakha, écrivait ceci :

« Les habitants de Yarkend sont très-laborieux et sont, pour la plupart, commerçants, boutiquiers et colporteurs. Il y a parmi eux très-peu d'esclaves. On trouve ici beaucoup de goîtreux ; ce qu'on attribue à l'eau qui se boit habituellement dans des gourdes faites avec des citrouilles.

Contrairement à la coutume générale dans tout l'Orient, les femmes, aussi bien celles de la haute société que celles de la basse classe, ne se voilent pas le visage en public.. »

Il existe encore d'autres témoignages de la liberté plus grande dont les femmes jouissaient en Kachgarie que dans les autres pays musulmans. Ainsi on peut lire dans les anciens historiens qu'aux v⁰ et vi⁰ siècles après Jésus-Christ, les femmes de Khotan étaient admises dans la société des hommes, et y restaient même après l'arrivée d'étrangers qu'elles ne connaissaient pas. On raconte aussi dans ces vieux livres, que les habitants de Khotan sont très-polis et que lorsqu'ils se rencontrent ils s'agenouillent l'un devant l'autre pour se saluer.

L'extrait suivant d'une géographie chinoise parue à Pékin, en 1778, est intéressant en ce qu'il fait connaître la façon dont les observateurs chinois appréciaient la population indigène :

« Les indigènes sont pacifiques; ils estiment les Chinois et sont dévoués à ceux qui les gouvernent. Ils sont lâches; ils aiment les spectacles et la bonne chère. Leurs femmes chantent et dansent très-bien. Elles sont très-adroites à différents tours de jonglerie. Il faut voir comme elles savent exécuter un saut périlleux et marcher sur un fil de cuivre tendu, etc. Ici le fort persécute le faible; les *beks* sont d'une avidité extraordinaire. Pour peu qu'un malheureux réussisse à s'amasser quelque argent, ils cherchent immédiatement à le lui extorquer par tous les moyens. Aussi, bien que la ville soit très-populeuse, y trouve-t-on peu de familles aisées. Les habitants sont, en général, adonnés aux plaisirs sensuels et même à la sodomie. Leurs mœurs sont déplorables, etc. »

L'honnête géographe chinois prononce ici lui-même, sans le remarquer, la condamnation du système de gouvernement organisé par ses compatriotes, et qui permettait aux fonctionnaires de pratiquer des exactions semblables. Nous nous efforcerons de montrer plus loin combien ce système d'exactions a contribué, avec d'autres causes, à rendre précaire la domination chinoise dans le pays.

Un autre écrivain chinois dit encore que : « les habitants de Cha-Yar (au sud de Koutcha) sont extrêmement grossiers, sots et querelleurs. Leurs femmes se font remarquer par leur beauté et surtout par la fraîcheur de leur teint. »

La conquête de la Kachgarie et de la Djoungarie avait, pour les Chinois, l'avantage de mieux assurer leurs frontières de l'ouest, et surtout d'offrir un vaste débouché à la vente de leurs produits, principalement du thé. Le thé chinois non-seulement devint d'un usage de plus en plus fréquent dans les villes conquises, mais par Kachgar il ne tarda pas à se répandre en grande quantité dans le Kokand, la Boukharie et même l'Afghanistan.

En outre, les Chinois conservèrent pour eux le monopole du travail des métaux précieux en Kachgarie. Ainsi, par exemple, à Kéri, à l'est de Khotan, ils avaient journellement jusqu'à 300 ouvriers au travail dans les mines de l'État.

La pacification du pays ne pouvait manquer d'amener le relèvement du commerce et de l'industrie. Le géographe chinois que nous avons déjà cité parle avec enthousiasme du bazar de Yarkend, où, dit-il, « les marchandises s'amoncellent comme les nuages au ciel, où les gens fourmillent comme les abeilles dans une ruche. »

D'après la déclaration d'un négociant musulman, vers l'année 1820, la domination chinoise avait ramené dans le pays la sécurité si favorable au développement du commerce, et dont auparavant on ne jouissait jamais, par suite du brigandage et des guerres civiles qui se succédaient sans interruption. Le commerce s'était surtout développé à

Yarkend, qui, par son étendue surpassait beaucoup Kachgar. Dans l'immense bazar de la ville il y avait des boutiques superbement construites et occupées principalement par des Chinois. Pour le logement des voyageurs on avait bâti un grand nombre de caravansérais.

Dans la ville on comptait plus de dix écoles musulmanes supérieures, possédant des terrains considérables. Outre les habitants, on rencontrait à Yarkend beaucoup d'Arabes que les marchés attiraient du Kafiristan et du Badakhchan.

Les Chinois, comprenant très-bien les avantages qu'ils pouvaient retirer du commerce avec les pays frontières de l'Asie, s'étaient départis de leur système habituel de claustration, et avaient ouvert la Kachgarie au commerce avec les nations voisines. En outre, l'insuffisance du bétail en Kachgarie les contraignait à inviter les Kara-Kirghises, que pourtant ils ne pouvaient souffrir, à conduire leurs troupeaux sur leur territoire.

Tous les étrangers, même quand ils avaient un domicile permanent en Kachgarie et s'y installaient avec leurs familles, étaient considérés comme des hôtes (*moussafirs*) et ne payaient aucun impôt.

La douane ne prélevait rien sur les marchandises apportées comme présents ou en petite quantité. Du bétail amené par les étrangers, y compris les Kara-Kirghises indépendants, on ne prenait en nature que 1/30 en tout, tandis qu'on exigeait une tête sur vingt de celui des nationaux. Sur les transactions intérieures il n'y avait aucun impôt.

Les difficultés qui survenaient entre les commerçants, étaient soumises à des tribunaux de jurés pris parmi les négociants eux-mêmes.

Les Kirghises étaient répartis en sections dont chacune avait son *aksakal*, ou ancien, choisi par le *khakim-bek*.

Le système monétaire adopté à cette époque en Kachgarie était emprunté de celui de la Chine.

Le *yarman* ou *tchakh* était la plus petite monnaie de cuivre en circulation. 5 *tchakhs* faisaient 1 *poul* ou *karapoul* ou *khotchan*. 2 *khotchans* valaient un *doltchan*.

50 *pouls* formaient un *tenga*, qui n'était qu'une monnaie de compte. Le *poul* ou *khotchan* valait 1/5 de kopeck russe (0 fr., 008). Le *tenga* valait donc 10 kopecks ou 0 fr. 40. Les Chinois comptaient les impôts par *pouls* ou, pour les grandes sommes, par *lans* et *yambas*.

Le *lan* représentait une *once* d'argent. Les *yambas* étaient des lingots d'argent de différentes grandeurs. Le plus gros valait environ 4 livres 3/4 d'argent (1.950 gr.).

Le cours de l'argent était très-variable. Au commencement du siècle actuel l'argent chinois était tombé très-bas. L'or se comptait aussi par *lans* ou *zolotniks*.

Comme unité de poids les Chinois introduisirent leur *djin*, qui vaut 1 livre 1/2 russe c'est-à-dire 615 gr. Le grain se mesurait chez eux par sacs (*batmans*) et par cribles (*halbirs*). Je n'ai pu déterminer avec certitude le poids de ces mesures, qui ne sont plus en usage aujourd'hui. Le *batman*, ou sac de blé, devait valoir environ 12 *pouds* russes (195 kil.) et le *halbir* à peu près 1 *poud* 1/2 (25 kil.).

La laine, le cuivre, le soufre, le salpêtre, se comptaient par *djins*.

Les unités de longueur étaient le *li*, qui vaut environ 200 *sagènes* russes (400 mètres), et l'*altchin*, égal à l'*archine* russe ($0^m,71$).

Aujourd'hui, pour le mesurage des matières sèches, on se sert en Kachgarie du *tcharik*. Un *tcharik* de millet vaut 24 livres russes, un *tcharik* de maïs en vaut 26 ; un *tcharik* d'orge en vaut 25. (La livre russe = 410 gr.)

Les autres substances se mesurent par *djins*.

L'unité de longueur est le *tach*, qui vaut 12.000 pas et dont l'étendue peut varier, suivant la taille et l'intelligence du mesureur, de 7 à 9 *verstes*. La longueur normale est 8 *verstes* (la *verste* russe = 1 k. 067).

Aujourd'hui aussi Yakoub-Bek fait frapper en Kachgarie des *tengas* d'argent qui valent 50 *pouls* ou 25 *doltchans*. Deux *tengas* de Kachgarie valent 1 *kokan*, monnaie courante, à Boukhara, à Khiva, et dans les possessions russes de l'Asie centrale. 1 *tenga* kachgare vaut 20 *tchaks* de Kokand, et 30 *tchakhs* de Tachkent. Les *yambas* de 4 livres 3/4 d'argent, valent maintenant de 1.000 à 1.100 *tengas*.

II

Insurrection contre les Chinois en 1825.— Djenghir-Touria.— Invasion des peuples du Kokand en 1830. — Le khodja Med-Yousouf. — Insurrection des sept khodjas (Katta-Touria.) — Insurrection de 1857. — Valikhan-Touria.

La facile conquête de la Djoungarie et de la Kachgarie avait rendu les Chinois belliqueux. En 1756, 1758 et 1760, leurs troupes pénétrèrent dans les steppes et forcèrent les khans de la horde moyenne des Kirghises à se reconnaître sujets du Céleste-Empire. Puis ce fut le tour des khans de la petite horde, et enfin les chefs des Bouroutes (Kara-Kirghises) furent également contraints de se soumettre. Les Kirghises durent payer un tribut d'une tête sur 1.000 pour les moutons, et d'une sur 100 pour les chevaux et les bêtes à cornes. Quatre détachements chinois, envoyés pour recueillir ces impôts, parcouraient le pays chaque année et contribuaient en outre à y maintenir l'influence de la Chine. Des marchands chinois suivaient habituellement les troupes, apportant des marchandises qu'ils échangeaient contre du bétail, non sans bénéfice comme bien on pense.

Après les khans kirghises, le souverain du Kokand, Erdenia-bïï, et son héritier, Narbouta-bïï, se mirent également sous la protection du Fils-du-Ciel.

Des succès aussi rapides firent considérer les Chinois comme invincibles, et rendirent leur nom redoutable dans toute l'Asie centrale. Eux-mêmes en arrivèrent à ne plus douter de rien; car ils commencèrent à méditer sérieusement la conquête de Boukhara, Samarcande et Tachkent. Le bruit de leurs préparatifs pour cette expédition se répandit promptement parmi les princes de l'Asie centrale, et força ceux-ci d'oublier leurs querelles pour résister à l'ennemi commun qui les menaçait. Ils conclurent une alliance à laquelle s'unit aussi le souverain afghan Akmet-Shah. Un appel fut adressé à tous les princes musulmans, pour les inviter à prendre part au *gazavat* ou guerre sainte contre les infidèles.

La ligue fut formée et dès 1763 les troupes de l'Afghanistan marchèrent sur Khodjent. Mais cette formidable coalition n'aboutit à rien. Les Afghans furent contraints de rebrousser chemin, et les autres confédérés ne se crurent pas de taille à entamer la lutte contre leur puissant adversaire.

Les seules victimes de cette entreprise avortée furent d'abord la ville d'Outch-Tourfan, qui, comptant sur les secours promis, s'était soulevée, et dont tous les habitants furent, comme nous l'avons déjà dit, exterminés par les troupes chinoises ; puis la splendide contrée du Badakhchan, qui fut ravagée par les Afghans et dont le sonverain, Soultan-Shah, fut mis à mort. Son crime était d'avoir non-seulement refusé un asile aux khodjas qui s'étaient enfuis de Kachgarie, lors du siége de Khotan, par les Chinois en 1758, mais encore fait décapiter deux d'entre eux dont il s'était emparé, et dont il avait envoyé les têtes à Pékin.

Les Chinois, voyant la faiblesse des princes de l'Asie centrale, n'en devinrent que plus arrogants. La politique habile adoptée par Tchao-Khoï à l'égard des vaincus, cessa peu à peu de paraître nécessaire; et peu à peu aussi les grossières maladresses de l'administration chinoise'envers les populations soumises, rendirent leur domination insupportable. Au nombre des fautes que commirent ainsi les Chinois, il faut compter la nomination, dans les villes de Kachgarie, de khakim-beks et autres fonctionnaires venant des provinces occidentales de l'empire, comme aussi l'obligation imposée au peuple de travailler gratuitement à construire de vastes bâtiments fortifiés, ou *goulbakhs*, pour loger les garnisons chinoises. Ces *goulbakhs*, dont le nom signifie littéralement *jardin fleuri*, étaient en réalité des citadelles que les Chinois faisaient élever dans le voisinage de chaque ville indigène, pour y installer les fonctionnaires et la garnison. Extrèmement solides et bien approvisionnés, ils pouvaient supporter un très-long siége jusqu'à l'arrivée des renforts.

Les fonctionnaires chinois envoyés en Kachgarie y venaient dans l'intention bien arrêtée de faire fortune, et ne reculaient devant aucun moyen pour atteindre ce but. Depuis le khakim-bek jusqu'aux derniers rangs de la hiérarchie, tous étaient d'accord pour considérer le peuple comme une vache à lait, et de plus, leur avidité maladroite voulait lui faire rendre plus qu'il ne pouvait donner. Les déprédations éhontées de tous ces gens étaient parfaitement connues des hautes autorités chinoises; et si celles-ci les toléraient, c est que probablement elles y trouvaient leur compte. Le luxe effréné des hauts fonctionnaires donne tout lieu de penser que les vols qu'ils permettaient n'étaient pas sans leur rapporter des bénéfices importants. Toute protestation, toute désobéissance étaient punies de mort; ce qui ne fit qu'irriter davantage la population. Les plus énergiques commencèrent à émigrer, s'en allant à Kokand, Boukhara et Tachkend, où les récits qu'ils firent des cruautés chinoises, excitèrent partout la compassion pour leur pays.

En racontant plus haut la conquête de la Kachgarie, nous avons dit qu'après la prise de Khotan, il ne se sauva qu'un seul khodja du parti « blanc », nommé Sarym-Sak. Après avoir erré longtemps de divers côtés, ce malheureux vint s'établir à Kokand, où il rassembla autour de lui les émigrés de la Kachgarie, et commença une active propagande pour arriver à soustraire son pays au joug des Chinois. Ses agents, répandus dans les villes du Turkestan occidental, recueillirent à cet effet des dons de toute espèce, et fanatisèrent leurs auditeurs par le récit des souffrances qu'enduraient leurs coreligionnaires. A ces nouvelles que lui apportaient les marchands du Kokand, la population kachgarienne se prit à considérer Sarym-Sak comme son libérateur, et n'attendit plus qu'une occasion de se déclarer ouvertement pour lui.

Ce ne fut pas toutefois de ce côté que vint aux Chinois le premier avertissement. Dès 1816, alors que leur domination durait paisiblement depuis cinquante ans, un certain Ziaveddin, membre du parti « noir, » s'étant enfui dans la montagne, y avait réuni une troupe de Kirghises, à la tête desquels il se mit à faire des incursions, dans l'espoir de soulever le pays. Son entreprise ne réussit pas; sa bande fut mise en déroute; lui-même fut tué et son fils encore mineur envoyé à Pékin, où on le mit à mort lorsqu'il eut atteint sa majorité.

Mais ces tentatives avaient ouvert les yeux des Chinois; ils comprirent le danger dont ils étaient menacés du côté du Kokand, et de la part de Sarym-Sak, qui se considérait comme le souverain légitime de la Kachgarie. Ils s'entendirent alors avec le khan de Kokand, Omar, auquel ils s'engagèrent à faire une pension annuelle de 200 yambas (environ 20.000

roubles), à la condition qu'il surveillerait rigoureusement les menées des khodjas.

Cependant en 1820 Omar et Sarym-Sak moururent presque en même temps, celui-ci laissant trois fils : Med-Yousouf, Pakhavvedin et Djenghir. Ce dernier, le plus jeune, mais le plus énergique des trois frères, résolut d'agir. Il s'enfuit du Kokand dans les monts Tian-Chan, et y excita les Kara-Kirghises à tomber sur les Chinois. Il éprouva d'abord un échec; mais, sans perdre courage, il se transporta aux sources du Naryn, envoyant activement de tous côtés des agents pour recruter des volontaires prêts à se ranger sous l'étendard des Appaks, et à combattre pour leur foi, contre les Chinois infidèles.

Le hasard vint en aide à Djenghir. Les Chinois espérant le prendre par surprise, et mettre ainsi fin d'un seul coup à l'agitation qu'il fomentait contre eux, envoyèrent à Naryn un détachement de 500 hommes. Prévenu à temps, Djenghir réussit à se retirer; puis, rassemblant ses compagnons et profitant de sa connaissance du pays, il coupa la retraite aux Chinois, qu'il massacra tous, jusqu'au dernier. Ce succès, démesurément grossi par la renommée, suivant les habitudes de l'Orient, valut à Djenghir de nombreux volontaires qui vinrent de tous côtés grossir sa petite troupe.

Au printemps de 1826, se trouvant à la tête de forces déjà très-respectables, composées de Kachgariens émigrés, de cipayes du Kokand, d'Ousbeks, de Kara-Kirghises, etc., le jeune prétendant marcha sur Kachgar. Les troupes chinoises sorties à sa rencontre sous le commandement du *dzian-dzioun* (viceroi) d'Ili, en personne, furent mises en pleine déroute et, obligées d'évacuer la ville, s'enfermèrent dans le *goulbakh*. Djenghir entra dans Kachgar aux acclamations du peuple et prit le titre de Séid-Djenghir-Sultan.

Tous les beks furent laissés en fonctions, excepté celui de

Kachgar, originaire de Komoul et qui, pour ses actes vexatoires, fut jugé et condamné à mort.

Par sa modération, Djenghir parvint même à se rallier les individus appartenant au parti chinois, et sut se concilier la sympathie générale. Les habitants de Yanghi-Hissar, de Yarkend et de Khotan, ayant appris la prise de Kachgar par le khodja, se soulevèrent également, taillèrent en pièces les garnisons chinoises, démolirent les *goulbakhs* et envoyèrent leurs milices se joindre aux troupes de Djenghir, qui commença le siége du *goulbakh* de Kachgar.

Au mois de juin de la même année, le khan de Kokand lui amena encore un renfort de 15.000 hommes. Mais ce secours, au lieu de lui être utile, n'amena que des discordes dans l'armée. Rebuté par deux attaques infructueuses, le khan de Kokand s'en retourna chez lui. Il n'avait passé en tout que douze jours à Kachgar, et ne s'en mit pas moins à faire frapper de la monnaie où il prenait le titre de *Gazi* c'est-à-dire de combattant pour la foi.

Enfin après soixante-dix jours de siége, le *goulbakh* se rendit. Les mandarins se suicidèrent et la garnison, forte de 8.000 à 10.000 soldats, fut entièrement massacrée, à l'exception de 400 hommes, Chinois et Dounganes, qui consentirent à embrasser l'islamisme.

Maître de Kachgar, Djenghir y introduisit les coutumes de la cour de Kokand, en proscrivant le costume et les usages chinois. Par malheur il ne sut pas profiter de l'amour que le peuple avait pour lui, ni des ressources considérables dont il disposait ; et au lieu de bien, il ne fit que du mal au pays qu'il avait entrepris de délivrer.

Les Chinois, profitant de son inaction, réunirent près d'Aksou des forces imposantes, et en février 1827 arrivèrent sous les murs de Kachgar. Djenghir sortit à leur rencontre avec des troupes nombreuses, mais mal armées, sans cohésion et sans discipline. Les Chinois s'avancèrent en bon ordre et attaquèrent à coups de canon. Leurs ennemis ne firent qu'un semblant de résistance et se débandèrent. Les volontaires du Kokand tournèrent le dos les premiers, et après eux tout le reste prit la fuite. Le khodja faillit être fait prisonnier et se réfugia dans les montagnes. Son règne n'avait duré que neuf mois.

Mais l'ordre était arrivé de Pékin de s'emparer à tout prix de sa personne, dût-on le chercher jusqu'à Kokand ou Boukhara. Les troupes chinoises, quittant Kachgar, se dirigèrent sur la vallée de l'Alaï, dans les monts Tian-Chan, où, disait-on, Djenghir s'était caché.

Pour cette expédition les Chinois disposaient de 20.000 hommes. Ils se séparèrent en deux colonnes, dont l'une passa par Oulougtchat et le col de Toungbouroun, l'autre par Oupal à côté du lac Sarykoul et par le col de Kyzylarta. On était en automne et les troupes n'avaient pas emmené d'artillerie, mais seulement des *taïfours* (1). Elles étaient accompagnées d'un grand nombre de marchands et suivies d'un bétail nombreux. En campant, chaque soir, les Chinois, pour se mettre à l'abri d'une surprise nocturne, se retranchaient en entourant leur camp d'un fossé peu profond. Ces épaulements, dont le tracé était sensiblement circulaire, existent encore aujourd'hui, et nous avons pu voir le bivac fortifié d'un avant-poste chinois près d'Ichna, à trente verstes au sud du col de Térek-Davan.

Les Chinois restèrent vingt jours dans la vallée d'Alaï, envoyant de toutes parts de petits détachements pour découvrir la retraite de Djenghir-Khodja. Mais tandis qu'ils le cherchaient de ce côté, celui-ci s'était dirigé vers la source de la Touïoun, en prenant la route qui, de Kachgar, passe par

(1) Sorte de gros fusils portés et servis par quatre hommes; il en sera reparlé plus tard.

les forts de Tchakmak et de Naryn. Quand les Chinois surent qu'il se trouvait là, ils retournèrent à Kachgar par Ou-lougtchat, et s'étant approvisionnés de nouveau pour une campagne, se portèrent sur la Touïoun. Effrayés à leur approche, les compagnons de Djenghir s'enfuirent presque tous, et l'infortuné garrotté pendant son sommeil, par son ami Mamat, le bek d'Oupal, fut livré aux Chinois, qui récompensèrent le traître en le nommant bek de Khotan.

Djenghir-Khodja fut envoyé à Pékin. Le P. Huc, missionnaire français, raconte qu'il y fut mis dans une cage de fer et montré au peuple comme une bête fauve. Il arriva que, par hasard, l'empereur témoigna le désir de voir son ennemi vaincu. Les hauts dignitaires de la cour de Pékin furent consternés de ce caprice royal. Ils craignaient en effet que Djenghir ne fît connaître au souverain les vraies causes de l'insurrection, et ne lui racontât toutes les cruautés dont la répression avait été accompagnée. Or de pareilles explications eussent fait ressortir évidemment qu'ils étaient coupables de n'avoir pas surveillé les fonctionnaires envoyés en Kachgarie, et il pouvait en résulter pour eux des conséquences fâcheuses.

Il fallait pourtant obéir à l'empereur. Alors les mandarins s'avisèrent d'un moyen qui supprima toutes les difficultés. Ils firent prendre à Djenghir un breuvage empoisonné qui, sans le tuer, lui ôta la parole et le rendit à peu près idiot. Lorsqu'on l'amena devant l'empereur, il avait l'écume à la bouche, un aspect repoussant, et ne put répondre à une seule des questions qui lui furent faites. L'arrêt du tribunal le condamna à être coupé en morceaux et donné en pâture aux chiens.

Une fois débarrassés de cet ennemi dangereux, les Chinois s'occupèrent de punir les coupables, et les châtiments atteignirent principalement les habitants, qui ne l'étaient guère.

Les exécutions, le pillage et les confiscations commencèrent. Pensant, non sans raison, que les Kokandiens étaient les principaux auteurs de l'insurrection kachgare, les Chinois pour se venger d'eux, firent arrêter tous les marchands du Kokand qui se trouvaient en Kachgarie, et prirent une série de mesures restrictives contre les importations commerciales d'un pays dans l'autre. Ils s'entendirent même avec les autorités de la Boukharie et du Koundouze, pour faire passer leurs thés directement dans ces contrées, et même jusque dans l'Afghanistan, en évitant le territoire du Kokand.

Il est intéressant de remarquer que les Chinois, auxquels le bétail était nécessaire, ne songèrent nullement à châtier les Kara-Kirghises, qui pourtant, s'étaient les premiers joints à Djenghir et lui avaient donné asile après son premier échec.

Du reste les mesures vexatoires prises par les Chinois à l'égard des Kokandiens, furent très-sensibles à ces derniers, et conduisirent à des résultats auxquels les fils du Céleste-Empire étaient loin de s'attendre.

Le souverain du Kokand était à cette époque Madali-Khan qui, sans avoir de qualités personnelles particulières, s'était entouré d'hommes énergiques et capables. Tels étaient le chef de ses troupes, Khak-Kouly, et Kouch-Béghi-Lachkar, qui fut plus tard vice-roi de Tachkent avec le titre de Béklerbek. Le premier était un Ouzbek, le second un ancien esclave persan. Grâce à ces auxiliaires le règne de Madali-Khan fut une des époques les plus brillantes de l'histoire de son pays. Peu à peu presque tous les Kara-Kirghises et les Kirghises de la grande horde reconnurent la souveraineté du Kokand, et les territoires montagneux de Kara-teghen, Darvass, Koulab, furent annexés par la politique ou la force des armes.

Or les restrictions mises par les Chinois au commerce du

Kokand avec la Kachgarie parurent tellement vexatoires à Madali-Khan, qu'il résolut de leur déclarer la guerre. Connaissant les sympathies de la population kachgare pour les khodjas, l'adroit monarque fit venir de Boukharie le frère aîné de Djenghir, Med-Yousouf, et dans ses proclamations il annonça, comme but de la campagne qu'il allait entreprendre, le rétablissement de ce prince sur le trône de ses ancêtres, et la délivrance des mahométans du joug des infidèles.

Les troupes réunies pour l'expédition étaient très-nombreuses, et se composaient de 20.000 soldats du Kokand, 15.000 de Tachkent, 2.000 montagnards tadjiks de Karateghen, et quelques milliers d'émigrés kachgares. Soit un total d'environ 40.000 hommes, avec 10 petits canons organisés de façon à pouvoir être transportés dans les montagnes, sur des chameaux.

Cette armée, sous le commandement supérieur de Khakkouly, se dirigea sur Kachgar en septembre 1830. Les Chinois ne purent lui opposer en rase campagne que 3.000 hommes, qui furent mis en déroute près de Min-youl, à 44 verstes de Kachgar. Après le combat cette ville fut occupée, et Med-Yousouf-Khodja en prit le gouvernement. Khak-kouly mit alors le siége devant le *goulbakh* où s'était enfermée la garnison chinoise. En même temps il chargea Kouch-béghi-Lachkar d'aller s'emparer des autres villes de la Kachgarie.

Les opérations de ce dernier furent très-heureuses, et en fort peu de temps Yanghi-Hissar, Yarkend, Khotan et Aksou reconnurent l'autorité de Med-Yousouf. Bientôt toutefois on put voir combien était précaire ce pouvoir, qui s'appuyait beaucoup plus sur les troupes du Khokand que sur les sympathies de la nation. Dès novembre 1830, par suite de l'état des relations avec la Boukharie, ces troupes durent être rappelées, et avec elles se retira Med-Yousouf, qui ne croyait pas possible de lutter seul contre les Chinois. Son règne avait en tout duré quatre-vingt dix-jours.

Ces événements avaient pourtant montré plus nettement encore que l'invasion de Djenghir, combien la domination chinoise était peu solidement assise en Kachgarie. Cette campagne eut encore une autre conséquence : elle entraîna l'émigration de quelques dizaines de milliers de Kachgariens sur le territoire du Kokand.

Cependant dès le printemps de l'année suivante (1831), Madali-Khan entreprit une nouvelle expédition contre les Kara-Kirghises. Les troupes s'avancèrent jusqu'aux sources du Naryn et pénétrèrent même dans la province d'Ili. L'année d'après encore, elles fondèrent la forteresse de Kourtka sur le Naryn, et celle de Tach-Kourgan sur le versant méridional des hauteurs de Pamir. La Kachgarie se trouva ainsi complétement entourée par les possessions du Kokand, et la domination chinoise resta constammment exposée tant aux invasions des khodjas qu'aux incursions des Kara-Kirghises.

Voyant alors qu'ils n'étaient pas de force à lutter avec le Kokand, les Chinois durent changer de politique à son égard. En 1831 ils envoyèrent des ambassadeurs au khan de ce pays, pour lui demander la paix. En réponse, Madali fit partir pour Pékin une ambassade, à la tête de laquelle était le marchand Alim-Padcha, et qui sut fort bien profiter des avantages de sa position.

Les articles suivants du traité conclu par cet ambassadeur, font voir combien les « khodjas » paraissaient dangereux aux Chinois.

1° Les droits de douane sur les marchandises importées par les étrangers dans les six villes du Turkestan oriental : Aksou, Outch-Tourfan, Kachgar, Yanghi-Hissar, Yarkend et Khotan sont abandonnés au Kokand.

2º Pour recueillir ces droits, le Kokand entretiendra dans chacune de ces villes un commissaire du commerce ou *aksakal*. Tous ces commissaires seront placés sous la haute surveillance de celui de Kachgar; lequel, en même temps doit être le représentant politique de son maître.

3º Tous les étrangers arrivant dans ces six villes, dépendent, au point de vue de la police et de l'administration, des commissaires du Kokand.

4º De son côté le gouvernement du Kokand doit surveiller les khodjas, leur interdire de sortir du pays et les incarcérer s'ils tentent de s'enfuir.

En 1832 Alim-Padcha, l'ancien ambassadeur, fut nommé le premier aksakal de Kachgarie, et avec le temps les priviléges accordés dans ce pays aux nationaux du Kokand prirent une extension beaucoup plus considérable.

Quoique les conditions du traité fussent désavantageuses pour les Chinois, elles leur assurèrent pourtant quinze années de domination tranquille sur la Kachgarie, jusqu'en 1847. Satisfait de l'énorme influence qu'il avait acquise dans cette contrée, le gouvernement du Kokand ne trouvait plus aucun intérêt à soutenir les revendications des khodjas; et de fait, il exerça sur eux une surveillance des plus strictes, qui ne se relâcha qu'en 1845, à l'avénement d'un mineur, Koudoyar-Khan.

Avec ce nouveau règne commencèrent dans le Kokand des désordres dont le contre-coup se fit sentir en Kachgarie. Les Kara-Kirghises, profitant de l'affaiblissement du pouvoir, se mirent à faire des incursions sur le territoire kachgare; et l'aksakal nommé par le Kokand, Named-Khan, qui s'était engagé à les punir, se contenta de se faire payer grassement par eux, et n'entreprit rien de décisif.

Les khodjas aussi profitèrent des troubles du Kokand. Au printemps de 1847, sept d'entre eux s'enfuirent du pays et se réfugièrent dans les montagnes avec quelques centaines de partisans. Ils ne tardèrent pas à s'y former une troupe d'un millier de cavaliers djighites, avec lesquels ils résolurent de soulever la Kachgarie. A la tête du mouvement était Katta-Touria, dit aussi: Khodja-Touria. Le plus connu des six autres était Ichakhan-Touria, qui joua plus tard un grand rôle, en 1875 et lors de la révolte d'Abdoul-Bek en 1876.

Les Kirghises entraient pour plus de moitié dans l'armée des khodjas. Celle-ci se mit en marche en léger équipage et sans vouloir s'embarrasser de tentes ni de trains. Le septième jour après leur départ d'Oche, les conjurés atteignirent la redoute de Min-Youl, où se trouvait le premier poste chinois. Une centaine de ceux-ci, qui composaient la garnison, furent massacrés; l'ouvrage fut détruit, et renforçant sa troupe en chemin, Katta-Touria parut le même jour devant les murs de Kachgar. Les Chinois, au nombre de 3.000, se renfermèrent suivant leur habitude dans le *goulbakh*, après s'être fait battre dans une sortie maladroitement exécutée. Pourtant cette fois les habitants de la ville, instruits par une douloureuse expérience, refusèrent d'ouvrir leurs portes à Katta-Touria avant qu'il eût pris la citadelle chinoise.

La présence à Kachgar de marchands du Kokand vint en aide au khodja. L'aksakal Named-Khan, aidé de son parti, ouvrit les portes dans la nuit du huitième jour, et introduisit dans la ville les khodjas, dont le premier soin fut d'exterminer tous les marchands chinois, de piller leurs propriétés et de se constituer des harems.

Katta-Touria fut proclamé souverain de la Kachgarie, et les autres khodjas reçurent le gouvernement des localités environnantes. Mais dépravés et entourés de Kokandiens, ils ne pouvaient inspirer ni dévouement ni crainte. Ne connaissant rien aux affaires du gouvernement, ils n'exigeaient qu'une chose, c'est que leurs familiers leur apportassent le plus d'argent possible, et ils ne se préoccupaient nullement de sa provenance.

Les espérances qu'ils avaient conçues d'un soulèvement général en Kachgarie, ne s'étaient pas réalisées. Alors l'un d'eux, Tavakkal-Touria, le plus capable de tous, marcha contre Aksou, tandis que Katta-Touria lui-même se portait sur Yarkend. Vers ce même temps les troupes chinoises venues de Kouldja, d'Ouroumtchi et de Lan-Tchéou, au nombre de plus de 20.000 hommes, avaient déjà atteint Aksou, et au mois de novembre marchèrent sur Kachgar. Pourtant elles ne dépassèrent pas la forteresse de Maralbachi, et allaient y prendre leurs quartiers d'hiver, quand la poltronnerie des khodjas assura le succès des Chinois, et beaucoup plus tôt que ceux-ci ne s'y attendaient.

Katta-Touria, ayant appris la marche de l'armée chinoise, n'alla pas jusqu'à Yarkend et rebroussa chemin, avec ses troupes sur Kachgar. Mais les habitants de cette ville, irrités des lourds impôts dont il les avait accablés et des faveurs qu'il témoignait à son entourage d'étrangers, refusèrent de lui ouvrir leurs portes. Katta-Touria disposait d'environ 18.000 hommes, gens sans aveu de toute espèce. Ce fut assez, pour disperser toute cette canaille de l'avant-garde chinoise, qui ne comptait pourtant que 6.000 hommes. Les khodjas s'enfuirent les premiers, emportant les richesses considérables qu'ils avaient extorquées pendant leur règne éphémère. Avec eux disparut leur armée, que les Chinois, satisfaits d'une victoire facile, ne poursuivirent même pas.

Les événements que nous venons de raconter et qui sont connus en Chine sous le nom de : « Révolte des sept khodjas, » n'eussent pas eu de conséquences bien sérieuses s'ils n'avaient entraîné l'émigration de 20.000 familles ou 100.000 personnes, qui, craignant la vengeance des Chinois, abandonnèrent Kachgar, Yarkend et Aksou. Ces malheureux se jetèrent dans les montagnes à la suite de l'armée battue. La plupart suivirent la route qui va de Kachgar à Oche par le col de Térek-Davan, et qu'ils prenaient comme le plus court chemin pour se rendre dans le khanat de Kokand. Mais on était alors au mois de janvier, les fortes gelées commencèrent ; la neige tomba en abondance, et beaucoup des fuyards périrent. Les témoins oculaires racontent à ce sujet des détails épouvantables.

Katta-Touria et 2.000 environ de ses acolytes, couraient en tête ; montés sur de bons chevaux, chaudement vêtus et pourvus de tout ce qui leur était nécessaire, ils avaient encore avec eux seize chameaux chargés de l'argent fruit de leurs rapines. A Soufi-Kourgan, à 25 verstes du col de Térek-Davan et à 105 d'Oche, la poursuite ne paraissant plus à craindre, le khodja et ses compagnons s'arrêtèrent pour partager le butin. Mais avant la fin de l'opération arriva de Kokand une troupe de Kiptchaks qui confisquèrent tout, désarmèrent la bande de Katta-Touria, la licencièrent et emmenèrent le khodja prisonnier.

Pendant les trente jours qui suivirent, la multitude des fuyards, hommes, femmes et enfants, ne cessa de traverser Soufi-Kourgan. Les uns étaient à cheval, beaucoup à pied et presque nus, portant avec eux tout ce qu'ils possédaient. Les dix premiers jours, tout alla relativement bien, et ceux qui réussirent alors à passer le col de Térek-Davan arrivèrent pour la plupart heureusement jusqu'à Oche. Mais à ce moment il vint subitement à geler d'une façon très-intense, et la neige se mit à tomber à gros flocons. Les malheureux y enfonçaient jusqu'à la ceinture et pouvant à peine lever les pieds, se traînaient péniblement. Ceux qui, à bout de forces, s'arrêtaient un moment, ne tardaient pas à périr, et la neige qui tombait sans relâche avait bientôt recouvert leurs cadavres. Marchant aussi la nuit, ils allaient au hasard et tombaient en grand nombre dans les précipices. Des avalanches énormes engloutissaient des caravanes entières, et pour comble de misère, au froid vint bientôt se joindre la famine.

Les souffrances causées par ce dernier fléau furent si cruelles que souvent, pour avoir un morceau de pain ou une tasse de farine détrempée dans l'eau, on donnait une pelisse fourrée. A tous ces maux vint s'ajouter la présence de nombreux pillards qui dépouillaient les misérables à demi morts. Aussi des milliers de cadavres ne tardèrent pas à couvrir le défilé de Térek-Davan, ainsi que la route en avant et en arrière. Encore aujourd'hui, après trente ans passés, les ossements de ces malheureux se rencontrent à chaque pas dans ce funèbre passage. Nous l'avons traversé deux fois, en octobre et en mars ; et, bien qu'à cette époque de l'année tout le sol fût recouvert de neige, nous avons trouvé dans une petite caverne, près de Darvass, quinze squelettes d'hommes, de femmes et d'enfants, auxquels adhéraient encore des lambeaux de vêtements pourris. En d'autres endroits nous vîmes aussi quelques crânes.

Les autorités du Kokand se préoccupèrent assez peu du destin de ces misérables. Elles ne songèrent qu'à s'emparer du trésor de Katta-Touria et envoyèrent un poste de trente Sarbasses de Baïkan à Soufi-Kourgan, pour garder la propriété des morts enfouis sous la neige.

Les seuls secours vinrent du bek de Marghelan, Outambaï-Kouch-Béghi, qui de sa propre initiative envoya d'Oche 300 chevaux, au moyen desquels il réussit à sauver 600 personnes. Au printemps on envoya des corvées de travailleurs qui, sous la surveillance des soldats, commencèrent les fouilles. On retrouva divers vêtements et ornements, ainsi que des pièces de monnaie, de cuivre pour la plupart.

On dépouilla les cadavres, puis on les jeta à la voirie, sans prendre la peine de les enterrer. Car les ordres venus de

Kokand parlaient uniquement de ramasser ce qui appartenait aux morts, et ne disaient rien de leur sépulture ; de sorte que les travailleurs ne se crurent pas obligés de se charger de cette besogne. En revanche, ils exécutèrent fort ponctuellement la tâche qu'on leur avait donnée.

Bientôt toutefois il fut clair que l'on s'était fait illusion en espérant trouver des richesses considérables. On rencontrait sur les cadavres beaucoup plus de monnaie de bronze que d'argent ou d'or. Les gens riches, ou bien étaient restés à Kachgar, ou avaient réussi à franchir le défilé dans les dix premiers jours, et étaient arrivés sans encombre à Oche. Le désastre n'avait guère atteint que de pauvres diables.

En tout cas on n'abandonna rien, et les ouvriers du Kokand poussèrent le zèle jusqu'à emporter les peaux des bœufs qui avaient péri. Mais les corps abandonnés empestèrent pendant longtemps tout le pays, et trois ans après encore, les Kirghises nomades s'abstenaient de boire les eaux du Térek, infectées par les nombreux cadavres qu'on y avait jetés. L'un d'eux m'a raconté en avoir enterré de sa main jusqu'à 300, morts aux environs de sa kibitka, et son frère avait également donné la sépulture à 200 autres.

Les Chinois rétablirent de nouveau leur autorité à Kachgar, et avec une patience infatigable, recommencèrent à y introduire leurs lois et leurs usages, déjà déracinés à trois reprises, par les khodjas. Une fois de plus le pauvre peuple dut payer de sa peau et de ses biens pour les menées d'ambitieux lâches et débauchés.

Il fut plus difficile pour les Chinois de concilier leurs intérêts avec ceux de leurs voisins du Kokand. Malgré les troubles de ce pays, ils se crurent obligés de renouveler avec lui les conventions conclues par le traité de 1831. Tant de condescendance prouvait leur faiblesse, et les Kokandiens en conclurent qu'ils avaient moins que jamais be soin de se gêner avec eux. Aussi allèrent-ils jusqu'à nommer aksakal de Kachgar ce même Named-Khan qui avait introduit les khodjas dans la ville. En outre ils se relâchèrent beaucoup de la surveillance qu'ils avaient exercée sur ceuxci, et fomentèrent même sous main des agitations en leur faveur. Malgré tout, les tentatives que deux khodjas, Valikhan-Touria et Kitchik-Khan, firent encore en 1855 et 1856, n'eurent aucun succès.

Mais le premier recommença la sienne au mois d'avril 1857, et cette fois il réussit complétement. Les garnisons de la frontière furent égorgées, sauf une partie d'entre elles qui, formées d'indigènes, prirent le parti du vainqueur.

Les Chinois, surpris à l'improviste, s'enfermèrent dans le *goulbakh*. Valikhan pénétra la nuit dans la ville ; ses émissaires, galopant à travers les rues, réveillèrent la population par les cris de : « Vive Bouzrouk-Khan-Touria ! » Ce Bouzrouk était le fils unique de Djenghir, et son caractère bon et pacifique l'avait rendu très-populaire. C'est précisément cette popularité que Valikhan résolut de mettre à profit pour se rendre plus facilement maître de la ville. Nous verrons plus tard ce même Bouzrouk jouer le rôle d'instrument aux mains de Yakoub-Bek, qui en fait aujourd'hui absolument le même usage.

Les habitants se soulevèrent et massacrèrent tout ce qui se trouvait dans la ville, de soldats ou de marchands chinois. Valikhan se proclama khan, et toutes les villes voisines envoyèrent des députés pour le reconnaître en cette qualité.

De tous côtés accoururent vers lui une multitude de vauriens de toute espèce, qu'il organisa assez habilement en une sorte d'armée. Elle se composait d'infanterie (sarbasses) et de cavalerie (djighites) ; elle était répartie en *étendards* de 500 hommes chacun, sous le commandement d'un *pansat*. Les costumes étaient naturellement des plus variés.

Bientôt toutefois les habitants s'aperçurent que la tyrannie de ce nouveau khodja était plus lourde encore que celle des Chinois.

Valikhan-Touria s'était entouré de Kokandiens, et témoignait du plus profond mépris pour les indigènes, qu'il accablait d'impôts excessifs. De plus, outre l'argent et le grain qu'ils devaient fournir, les habitants étaient contraints d'exécuter des travaux de siége très-pénibles. Presque journellement ils allaient en foule, armés de pelles et de pioches, travailler à la construction d'une digue dans la rivière Kyzyl-sou, pour en diriger le cours vers les murailles de Yanghi-Hissar, où s'était renfermée la garnison chinoise.

Puis on réquisitionnait leurs chevaux pour les troupes, et les ustensiles de bronze pour en faire des canons, à la fabrication desquels étaient employés tous les ouvriers. Un certain Afghan dirigeait la fonderie, qui parvint à produire jusqu'à huit bouches à feu, tirant d'ailleurs fort mal.

Une chose qui semblait aux habitants non moins vexatoire que les impôts, c'était la violence qu'on faisait à leurs usages. Ainsi l'on défendait aux femmes de paraître dans les rues le visage découvert, et de tresser leurs cheveux. Des agents de police spéciaux coupaient la chevelure de celles qui contrevenaient à cette dernière prescription. Toute la population mâle devait, à partir de l'âge de six ans, porter le turban et se rendre cinq fois par jour à la mosquée.

De plus Valikhan se montrait extraordinairement sanguinaire. Il ne se passait pas de jour sans que plusieurs douzaines de victimes fussent mises à mort. Le despote avait fait élever sur les bords du Kyzyl-sou une pyramide de têtes humaines, mulsumanes et chinoises, et il s'occupait activement d'en augmenter sans cesse la hauteur. Un de ses plaisirs favoris était d'abattre de sa propre main la tête des coupables; et jamais il n'en manquait: car il suffisait d'un mot, d'un geste, d'un bâillement en présence du tyran, pour entraîner la peine de mort. Le savant Allemand Adolphe Schlagintweit fut au nombre des victimes et sa tête alla grossir la pyramide. Un voyageur russe, M. Valikhanoff, qui visita Kachgar deux ans après, a découvert que ce malheureux fut mis à mort pour avoir refusé de remettre au khodja des papiers destinés au khan de Kokand, et qu'il avait rapportés de Bombay.

Les autres villes de la Kachgarie : Aksou, Yarkend, Khotan et Yanghi-Hissar, refusèrent de reconnaître l'autorité de Valikhan-Touria, qui envoya des troupes contre elles. Mais la dernière fut la seule qu'il réussit à prendre.

Du reste le règne de ce misérable ne fut pas, fort heureusement, de longue durée. Au bout de quatre mois, en août 1857, les troupes chinoises parurent sous les murs de Kachgar, et furent joyeusement accueillies par les habitants. L'armée de Valikhan s'enfuit, et lui avec elle. Cette fois encore jusqu'à 15.000 familles émigrèrent dans le Kokand, à la suite du khodja.

Les Chinois occupèrent la ville, et bientôt la joie des habitants fit place au désespoir ; car dès le début les fils du Céleste-Empire semblèrent prendre à tâche de surpasser Valikhan-Touria en cruauté. Les pauvres Kachgariens se virent enlever leur bétail, ainsi que leurs provisions de grains et de fourrage ; on incendia les mosquées, on détruisit les tombeaux des khodjas. Les Kalmouks surtout se montrèrent féroces. Ils installaient leurs chevaux dans les mosquées, battaient sans pitié les indigènes et violaient leurs femmes.

Puis les Chinois se mirent à la recherche des coupables. Il suffisait du moindre soupçon d'avoir pris part à l'insurrection ou exercé quelques fonctions sous le gouvernement de Valikhan-Touria, pour être condamné sans appel à la peine capitale. On avait recours aux plus cruels supplices pour arracher des aveux forcés à ceux qui protestaient de leur innocence, et on les punissait alors comme s'ils eussent été coupables. Les exécutions furent tout aussi fréquentes que par le passé, la seule différence consistant en ce que les têtes des condamnés, au lieu d'être entassées en pyramide, étaient placées dans des cages spéciales fixées au sommet de poteaux élevés qui garnissaient des deux côtés les routes conduisant aux différentes portes de la ville. Dans sa visite à Kachgar, deux ans après, vers la fin de 1859, le voyageur russe dont nous avons parlé plus haut, put contempler encore ces horribles trophées.

Cette fois les Chinois, ne croyant plus pouvoir compter sur la promesse des princes du Kokand, de ne pas permettre aux khodjas de rentrer en Kachgarie, ne s'empressèrent pas de renouveler le traité, désavantageux pour eux, qu'ils avaient conclu jadis avec ce pays. Ce fut Khoudoyar-Khan lui-même qui, au printemps de 1858, envoya à Kachgar une ambassade chargée d'exprimer son extrême regret des derniers événements, de donner pour l'avenir toutes les assurances possibles, et de demander le renouvellement du traité de 1830.

Les Chinois y consentirent encore, et Nassreddin-Sarkara, qui avait conduit ces négociations, fut nommé aksakal pour le Kokand, avec le grade de *datkha*.

Quant à Valikhan-Touria, il continua de vivre tranquillement à Kokand, sous la protection de l'aristocratie locale des Séides, ou descendants du Prophète, qui, d'après la loi musulmane, sont affranchis de toute punition corporelle et ne peuvent être condamnés à la peine de mort.

Ainsi se termina la quatrième tentative des khodjas pour ressaisir le trône de Kachgarie. Comme les précédentes, elle n'eut d'autres résultats qu'une dévastation plus complète de ce malheureux pays, et la mise à mort de quelques milliers d'individus, innocents pour la plupart. Cette fois encore les plus coupables et les meneurs se sauvèrent, en emportant l'argent qu'ils avaient volé, et en laissant à la merci des Chinois la population qu'ils avaient trompée.

III

Quelques mots sur l'insurrection des Dounganes dans les provinces chinoises de Chen-si, de Han-sou et en Djoungarie. — Soulèvement de la Kachgarie. — Racheddin-Khodja. — Khabiboula-Khodja. — Sadyk-Bek. — Bouzourouk-Khan. — Arrivée de Yakoub-Bek à Kachgar. — Sa biographie. — Il bat les troupes d'Aksou et de Yarkend envoyées contre lui. — Il s'empare de Yanghi-Hissar et du *goulbakh* kachgare de cette ville.—Apaisement de la révolte des Kiptchaks. — Prise de Yarkend et de Khotan. — Yakoub-Bek se proclame souverain du pays. — Campagne contre les villes d'Aksou, Koutcha et Kourla. — Attaque de Koutcha par les Dounganes. — Deuxième campagne contre Kounia-Tourfan.— Marche de Yakoub-Bek sur cette ville pour lutter contre les Chinois. — Insuccès près de Houmata. — Situation actuelle de Yakoub-Bek.

Après avoir chassé Valikhan-Touria en 1857, les Chinois s'étaient de nouveau rendus maîtres de la Kachgarie tout entière. Mais ils ne jouirent pas longtemps de leur triomphe : l'insurrection des populations musulmanes dans les provinces occidentales de Han-sou et de Chen-si, se propagea rapidement à l'ouest, embrasa toute la Djoungarie, puis en 1862-1863, la Kachgarie. Les Chinois se trouvèrent dans une situation désespérée et périrent par centaines de mille. Toutefois avec une opiniâtreté inébranlable, ils travaillèrent pendant les treize années suivantes à étouffer pas à pas la révolte et réussirent à pacifier le pays jusqu'à Tchougoutchak à l'ouest, et jusqu'à Manass et Ouroumtchi au sud. En la présente année 1877, leurs troupes se concentrent dans la direction de cette dernière ville, et doivent prochainement ouvrir les hostilités contre Yakoub-Bek, le plus habile et le plus puissant adversaire que leur aient suscité les événements des treize dernières années.

Quand ils l'auront vaincu, les Chinois espèrent bien redevenir encore une fois maîtres de la Kachgarie.

La population musulmane de la Chine est groupée dans les provinces de Chen-si et de Han-sou. Son total est d'environ 5.000.000 d'âmes. On n'est pas d'accord sur l'origine de ces musulmans. Les uns font remonter leur établissement sur le territoire du Céleste-Empire aux viiie et ixe siècles, alors que les Chinois, après avoir conquis le royaume des Houïgours, transportèrent près d'un million de leurs familles dans les provinces désertes de l'ouest. Plus tard, ces Houïgours embrassèrent l'islamisme, puis, à la longue, perdirent, par des alliances avec la population chinoise, leur type primitif, et ne ressemblent plus guère aujourd'hui à ceux de leur race qui sont restés en Kachgarie.

Ces musulmans, s'étant répandus par tout le pays, finirent par constituer dans la suite l'élément principal de la population de différentes villes de la Djoungarie, telles que Tchougoutchak, Kouldja, Manass, Ouroumtchi, Kounia-Tourfan, Barkoul et Kasmé. La population kachgarienne, étrangère aux musulmans chinois, commence à l'ouest de la forteresse de Karachar et de la ville de Kourla. Elle porte différents noms, suivant les localités qu'elle habite : Karachar, Koutcha, Aksou, Kachgar, Yarkend et Khotan.

Les Chinois désignent leurs musulmans par le nom de *Khoï-khoï-tsian*. Mais en Kachgarie, les musulmans chinois sont connus sous le nom de *Dounganes*; et l'insurrection qu'ils ont suscitée s'est appelée l'*insurrection doungane*.

L'origine de ce mot « *doungane* » est assez obscure. D'après des traditions que nous avons recueillies en Kachgarie, de la bouche même des habitants du pays, elle remonterait soit à l'époque d'Alexandre de Macédoine, soit à celle de Gengis-Khan, soit enfin à celle de Tamerlan. On prétend que lors des marches et contre-marches exécutées de l'est à l'ouest et de l'ouest à l'est par les armées immenses de ces héros populaires, un grand nombre de leurs soldats seraient restés tant en Djoungarie que dans les provinces de Chen-si et de Han-sou, d'où leur serait venu la dénomination de *Tourganes*, signifiant : « Ceux qui sont restés. »

L'origine la plus probable des *Dounganes* est, à notre avis, la suivante, que nous avons entendu citer à Koutcha : Lorsque Gengis-Khan marcha sur Pékin, il avait dans son armée de nombreux musulmans du Turkestan oriental. Quand il se fut emparé de la capitale chinoise, il nomma gouverneur de la Chine, son fils Mangou (dont les Chinois ont fait Mandchou), avec lequel « restèrent » en Chine un grand nombre de musulmans qui depuis lors furent appelés « *Tourganes* ».

M. Sosnovsky (1) croit que le mot *Doungane* se rapporte au début de l'insurrection des musulmans chinois, en 1861. D'après lui, cette insurrection prit naissance dans le rayon de la forteresse de Doun-Guan (province de Chen-si), et le nom de cette forteresse s'étant trouvé fort souvent répété dans les premiers rapports, on aurait fini par l'appliquer aux insurgés eux-mêmes.

Cette hypothèse n'est pas admissible, car le mot *doungane* existait longtemps avant l'insurrection de 1861.

---

(1) Le lieutenant-colonel Sosnovsky, de l'état-major russe, a dirigé la grande expédition scientifique et commerciale envoyée par les Russes en Chine et qui, pendant les années 1874-1875, a parcouru ce pays dans toute son étendue, depuis Han-kow jusqu'au lac de Zaïçane, sur la frontière sibérienne. C'est un voyage de plus de 4.000 kilomètres, sans compter le trajet presque aussi long de Kiakhta à Han-kow, par Pékin, que l'expédition se trouva avoir accompli, dans les meilleures conditions pour étudier le pays. Aussi en a-t-elle rapporté une foule de renseignements intéressants que nous ferons sans doute prochainement connaitre à nos lecteurs.

Quoi qu'il en soit, à défaut de données suffisantes pour résoudre cette question d'une manière définitive, nous laisserons aux spécialistes le soin d'en chercher la solution, et nous nous contenterons d'exposer les faits.

L'insurrection commença en 1861, dernière année du règne de Sian-Fyn, dans la province de Chen-Si, d'où elle se propagea d'abord dans celle de Han-Sou, puis en Djoungarie. Ce fut un massacre épouvantable des Chinois, qui dans certains endroits furent exterminés littéralement jusqu'au dernier.

Les premières tentatives du gouvernement de la Chine pour étouffer l'insurrection, ne furent pas couronnées de succès. Les malversations des fonctionnaires et des fautes de toute sorte, furent la cause que des détachements chinois passèrent quelquefois du côté des rebelles. Les garnisons chinoises, sans communication entre elles, furent obligées de s'enfermer dans les citadelles et de laisser le champ libre aux insurgés, qui se répandirent par tout le pays soulevé, anéantissant tout ce qui tenait aux Chinois. L'exaspération contre ceux-ci était telle qu'au témoignage de M. Sosnovsky, les musulmans préféraient immoler eux-mêmes leurs femmes et leurs enfants, plutôt que de les laisser tomber entre les mains des Chinois. Ces derniers, de leur côté, ne restèrent pas en arrière et se vengèrent cruellement de leurs ennemis. Ainsi pendant le siége de Khé-Tchéou, qui dura sept mois, et après la chute de la ville, ils mirent à mort 20.000 personnes ; 9.000 près de Si-nin-fou, 50.000 à Tsin-tsi-nou. De vastes régions fertiles et très-peuplées furent transformées en solitudes désertes, des villes florissantes en amas de ruines.

J'ai visité Tchougoutchak en 1870 ; d'après les récits des indigènes il fut massacré, dans la ville et aux environs, près de 40.000 Chinois. Ce n'était plus qu'une ruine immense dans laquelle il ne restait pas un seul habitant. Cette horrible boucherie remontait déjà à six années, et les ossements de ces victimes de l'insurrection couvraient encore les rues de la ville et les fossés de ses remparts. La colonie russe s'était enfuie pendant la nuit et s'était réfugiée sous la protection de nos troupes. La factorerie et l'église russes furent détruites. La femme du pope accoucha pendant cette fuite et mourut en route.

Les opérations des Chinois ne furent menées avec énergie et ne commencèrent à réussir qu'à partir de 1868, lorsque Tso-tsoun-tan eut été nommé gouverneur général des provinces de Chen-si et de Han-sou et de la Djoungarie. Ayant compris, comme le dit M. Sosnovsky, que le désordre avait surtout été causé par les concussions des fonctionnaires, il en choisit d'honnêtes, réorganisa l'administration de façon à ce que les soldats ne manquassent de rien, et fit construire à Lan-tchou-fou, une manufacture où l'on fabrique aujourd'hui des canons en acier qui se chargent par la culasse et des armes portatives des modèles les plus récents. Les centres de l'insurrection tombèrent l'un après l'autre au pouvoir des troupes chinoises, et vers janvier de l'année passée (1876), la route de Lan-tcheou à Tchougoutchak par Khami et Goutchen était déjà gardée par une ligne ininterrompue de postes chinois ; et l'insurrection était étouffée dans les deux provinces, bien qu'aujourd'hui encore beaucoup de petites bandes dounganes continuent à tenir la campagne.

En attendant, le bruit du succès de l'insurrection des musulmans chinois en Djoungarie, dans le Chen-si, et le Hansou, avait promptement pénétré en Kachgarie et y avait amené une révolte de la population contre les Chinois. Ceux-ci n'avaient dans le pays que des garnisons peu nombreuses et, qui pis est, composées en grande partie de soldats dounganes. A la première nouvelle de l'insurrection de leurs coreligionnaires, ces derniers prirent les armes contre les Chinois et, tantôt seuls, tantôt avec l'aide de la population locale, massacrèrent la plupart de ceux qui ne parvinrent pas à s'enfermer dans leurs *goulbakhs*. C'est à Koutcha que la révolte éclata tout d'abord.

Un des habitants de cette ville, Racheddin-Khodja, proclama le premier, en 1862, le *gazavat* (la guerre sainte contre les infidèles), réunit ses concitoyens et, à leur tête, tomba sur la garnison chinoise. Elle fut taillée en pièces et Racheddin envoya immédiatement des émissaires dans toutes les villes kachgares pour y annoncer la guerre aux Chinois. Les Dounganes se joignirent à cette insurrection, et avec leur aide, les villes de Karachar, Togsoun et Kounia-Tourfan anéantirent leurs garnisons chinoises et se soumirent à l'autorité de Racheddin, qu'elles reconnurent pour khan. Celui-ci confia le gouvernement de ces villes à l'un de ses parents, Issa-Khojda, et en envoya deux autres Djalaleddin et Bourkhaneddin-Khodja, dans celles d'Aksou, Kachgar, Yarkend et Khotan pour l'y faire accepter comme souverain.

Mais avant même qu'ils fussent arrivés à destination, la révolte avait éclaté en tous ces points et les garnisons chinoises avaient dû se renfermer dans les goulbakhs. Les habitants d'Aksou furent les premiers à reconnaître Racheddin. A Kachgar, le personnage le plus influent était Sadyk-Bek sorte de chef de bande d'origine kiptchake, ou kirghise selon d'autres, qui pillait indistinctement Kachgariens et Chinois. Cet aventurier sortit avec sa troupe à la rencontre des khodjas, reconnut Racheddin et le fit reconnaître pour khan par toute la population de Kachgar. Les khodjas le nommèrent khakim de la ville et continuèrent leur route vers Yarkend.

Le khakim mis par les Chinois à la tête de Yarkend était un certain Niass-Bek, qui se trouva jouer un rôle considérable dans les révolutions ultérieures de la Kachgarie. Le commandant des troupes chinoises qui formaient la garnison de Yarkend, ayant remarqué des symptômes de mécontentement parmi les habitants, comme aussi parmi les soldats dounganes faisant partie des troupes sous ses ordres, le désarmement de ces derniers fut résolu. Malheureusement les Dounganes eurent vent de la chose et l'insurrection éclata immédiatement. Les révoltés forcèrent pendant la nuit l'entrée du *goulbakh* où s'était réfugiée la garnison chinoise, et massacrèrent 2.000 soldats avec leurs familles. Les autres parvinrent à repousser les assaillants et à se barricader. Le matin les Dounganes se jetèrent sur la ville et, de concert avec les habitants, pillèrent les maisons et les boutiques des Chinois, dont ils mirent à mort les possesseurs. Toutefois les émissaires envoyés d'Aksou ne semblent pas avoir eu grand succès à Yarkend. Les habitants choisirent pour souverain un vieux mollah, Khozret-Abdurrhaman et lui donnèrent comme adjoint l'ancien khakim de la ville, Niass-Bek.

Khotan suivit l'exemple de Yarkend, massacra les Chinois et mit également à sa tête un mollah récemment revenu de la Mecque, Khabi-Boulla, qui prit le titre de *padcha* (roi) et se mit à frapper de la monnaie à son nom.

Vers la fin de l'année 1863, les Chinois ne se maintenaient plus en Kachgarie que dans la ville de Yanghi-Hissar et dans les *goulbakhs* ou citadelles de Kachgar et de Yarkend. Les milices de cette ville, unies à celles d'Aksou, furent dirigées contre cette dernière citadelle. Les Dounganes se joignirent aux assiégeants, mais néanmoins la place résista longtemps à leurs efforts. Puis, quand tous les moyens de défense furent épuisés, le général chinois se fit héroïquement sauter avec toute la garnison.

Après cette victoire, les khodjas d'Aksou voulurent de nouveau contraindre Yarkend à reconnaître l'autorité de Racheddin. Les habitants s'y refusèrent. Enfin, après bien des contestations, le pouvoir fut partagé entre Abdurrahman, qui garda la ville, et le khodja Bourkhaneddin, qui s'établit dans la citadelle occupée par les troupes dounganes et celles d'Aksou. Les choses restèrent en cet état jusqu'à l'arrivée de Yakoub-bek.

Au commencement de 1864, l'autorité de Racheddin était reconnue par toute la Kachgarie, à l'exception de Khotan.

Ce Racheddin n'était pas de la famille des khodjas qui jadis avaient gouverné la Kachgarie et lui avaient causé, ajouterons-nous, tant de maux pendant les quarante dernières années. Aussi ne manquait-il pas, dans la population, de mécontents qui eussent voulu remettre le pouvoir à l'un des nombreux descendants d'Appak-Khodja. Le plus populaire de ces derniers était Bouzourouk-Khodja, fils de Djenghir. Le peuple l'aimait pour sa douceur et la sainteté de sa vie. Mais les gens qui le connaissaient bien savaient aussi qu'il était faible de caractère, d'une incapacité absolue, et qu'il leur serait facile d'en faire un instrument entre leurs mains.

Sadyk-Bek, khakim de Kachgar, dont nous avons déjà parlé plus haut, résolut le premier de faire servir à ses desseins la popularité de Bouzourouk. Il s'adressa dans ce but à Alim-Koul, souverain, à cette époque, de Tachkent et Kokand, et lui demanda d'envoyer en Kachgarie Bouzourouk, — qui vivait alors à Tachkent, — s'engageant à le rendre facilement maître de tout le pays. La proposition fut acceptée et dès cette même année 1864, Bouzourouk arriva en compagnie de cinquante hommes, parmi lesquels se trouvait Yakoub-Bek en qualité de *lachkar-bachi* ou commandant en chef de ses (futures) troupes.

Avant de passer au récit des événements ultérieurs, il faut nous arrêter un moment devant cette personnalité devenue réellement historique de Yakoub-Bek, dont la figure domine de très-haut celle de tous les souverains actuels des États indépendants de l'Asie. Voici les données que nous avons pu recueillir sur son passé.

Le père de Yakoub-Bek était un habitant de Khodjent, nommé Ismet-Oulla, dont la profession consistait à réciter différentes prières sur les malades pour leur faire recouvrer la santé.

Étant allé un jour au bourg de Pskent (à 50 verstes de Tachkent sur la route de Khodjent), il s'y maria avec une femme du pays et continua d'y demeurer. C'est de ce mariage que naquit Yakoub-Bek. Nous n'avons pu déterminer exactement l'année de sa naissance. Il paraît n'avoir pas plus de cinquante ans, et ses cheveux commencent à peine à grisonner ; mais, d'après ceux qui le connaissent intimement, il serait âgé de cinquante-huit à soixante-quatre ans.

Il était encore au berceau quand son père se sépara de sa femme, laquelle épousa alors un boucher de Pskent, dans la maison duquel grandit Yakoub-Bek. C'est pour cette raison que dans le peuple on appelle souvent celui-ci *le Fils du boucher.*

Se trouvant encore enfant, sans père, ni mère, le jeune orphelin fut obligé, pour vivre, de se faire *batcha* (danseur des rues). Dans cette condition il eut le bonheur de plaire à un cipaye kokandien qui passait par Pskent et qui l'emmena avec lui à Kokand. Là, Yakoub-Bek passa de main en main, jusqu'à ce qu'ayant acquis une véritable célébrité comme habile et beau danseur, il échut à un certain Mohammed-Karim-Kachka qui remplissait à la cour de Madali, khan de Kokand, les fonctions de *tchilim-tchi,* ou porte-pipe, quelque chose comme valet de chambre de confiance. J'ai pu retrouver des témoins oculaires qui virent à cette époque Yakoub-Bek sur la grande place de Marghelan, où il se distinguait par sa souplesse à la danse. D'après ce qu'ils m'ont raconté, c'était alors un bel et vigoureux adolescent, aux formes arrondies, le cou un peu court, au teint d'une fraîcheur exquise, avec des yeux admirables. Il avait de nombreux adorateurs (1).

A la même époque se rapporte la nomination du *tchilimtchi*, Karim-Kachka, au poste de khakim (gouverneur) de Khodjent, avec promotion au grade de *parmanatchi* (général). L'élévation de leurs esclaves, palefreniers et porte-pipes aux hautes fonctions de khakims, avec promotion directe au grade de général, est chose très-fréquente de la part des monarques d'Asie, et n'étonne personne.

Une guerre malheureuse avec la Boukharie coûta la vie à Madali-Khan, et à sa mort, commença dans le khanat de Kokand, une lutte acharnée entre les partis, dont chacun mettait en avant son prétendant au trône. Celui des Kiptchaks l'emporta et fit porter au pouvoir Chirali-Bek, homme très-médiocre, qui prit pour premier ministre le kiptchak Mousoulman-Koul, khakim d'Andijan, qui joua dans la suite un rôle important.

Presque tous les anciens khakims furent changés et ruinés, et parmi eux Karim-Kachka, le maître de Yakoub-Bek. Celui-ci, après être resté quelque temps sans place, devint le danseur de Nar-Mahomed-Kouch-Béghi, khakim de Tachkent, et Kiptchak de naissance.

Les troubles du Kokand continuèrent. Chirali-Khan après deux ans de règne, fut tué; et le trône fut occupé par Mourad, fils d'Alim-Khan, qui le conserva neuf ans.

A la tête du parti des Kiptchaks se mit Mousoulman-Koul, qui tua Mourad, le remplaça par un fils mineur de Chirali, Koudoyar-Khan, et commença de diriger personnellement toutes les affaires. Pour éviter les prétentions qu'eussent pu

____

(1) Pour comprendre ce dernier mot et tout ce qui précède, il est bon de se rappeler que nous sommes ici en plein Orient.

faire valoir les frères aînés de Khoudoyar, il les fit tous égorger, sauf un seul, Mala-Khan, qui parvint à s'enfuir.

Yakoub-Bek commençait alors à n'être plus à l'âge où la fraîcheur de son visage et la grâce de ses danses lui permettaient de séduire les indigènes, et sa position pouvait devenir très-difficile si les circonstances ne lui fussent pas venues en aide.

Le khakim de Tachkent, Nar-Mahomed, devint amoureux de sa jeune sœur, fille du boucher son beau-père, et l'épousa. Grâce à l'influence de cette femme, Yakoub-Bek franchit promptement les degrés de la hiérarchie militaire, devenant d'abord *Makhram* (officier d'ordonnance, aide de camp), puis *pianj-bachi* (cinquantenier), *youz-bachi* (centenier) et enfin *pansat* (qui commande 500 hommes).

Bientôt après il fut nommé khakim d'Ak-Metchet (aujourd'hui le fort Pérovsky), qu'en 1853 il défendit héroïquement avec une poignée d'hommes contre l'armée russe. Cette belle défense le mit pour la première fois en relief comme soldat. De retour à Tachkent il commence à prendre une part active à toutes les agitations qui se produisent, et son nom ne tarde pas à devenir célèbre comme celui d'un homme énergique et capable.

Cependant Mala-khan avait détrôné son frère Khoudoyar, et régné trois ans, au bout desquels il avait été tué. Mousoulman-Koul encore tout-puissant demanda à Tachkent des troupes de secours pour apaiser les troubles. Une armée où se trouvait Yakoub-Bek, se mit en marche. Mais ces troupes en arrivant à Kokand, au lieu de se mettre sous les ordres de Mousoulman-Koul, le saisirent et le livrèrent à Khoudoyar, qui, devenu grand, s'était depuis longtemps fatigué de la tutelle insupportable de ce favori. Bien qu'il lui dût le trône, il n'hésita pas à le faire mettre à mort. Mousoulman fut attaché à un échafaud et l'on tira sur lui, presque à bout portant, plusieurs coups de canon chargés à poudre. Le misérable périt brûlé dans ses habits et étouffé par la fumée.

A peine avait-il disparu de la scène qu'un autre favori Alim-Koul, également kiptchak de naissance et peut-être encore plus énergique, vint prendre sa place. Il ne tarda pas à renverser Khoudoyar et fit proclamer khan, Saïd-Bek, fils de Mala-Khan. Ceci se passait en 1863, alors que *les Russes* marchaient déjà sur Tchemkent. Alim-Koul, quittant Kokand, se rendit à Tachkent pour y organiser la résistance contre ces nouveaux ennemis, plus dangereux pour lui que tous les partis hostiles du Kokand réunis ensemble. Il y trouva des adversaires nombreux, au premier rang desquels était Yakoub-Bek. Envoyé néanmoins à Tchemkent, celui-ci lutta bravement contre les Russes et sa renommée ne fit que s'accroître. Homme résolu et populaire, il pouvait devenir un rival redoutable pour Alim-Koul, qui déjà se préparait à s'en défaire par les procédés habituels en Asie, c'est-à-dire en le faisant mettre à mort, quand une circonstance imprévue vint tout à coup non-seulement sauver Yakoub, mais ouvrir un champ plus vaste à ses talents et à son ambition.

Des ambassadeurs venus de Kachgar par ordre de Sadyk-Bek, arrivèrent à Tachkent pour demander qu'on lui envoyât Bouzourouk-Khan-Khodja. Alim-Koul accéda volontiers à cette prière, et, en même temps que Bouzourouk, il fit partir pour Kachgar Yakoub-Bek. Ce fut donc en compagnie de ce dernier et d'un parent d'Alim-Koul nommé Aldach, que Bouzourouk, avec une cinquantaine de *djighites* (cavaliers) et serviteurs, parut en 1864 sous les murs de Kachgar, où il fut accueilli avec joie par les habitants. Sadyk-Bek lui transféra le pouvoir, espérant jouer auprès de lui le prémier rôle. Mais il vit bientôt dans Yakoub-Bek un adversaire opposé à ses plans, et alors commença entre les deux rivaux une lutte secrète qui ne devait finir que par la mort de l'un ou de l'autre.

Yakoub réussit d'abord à brouiller Bouzourouk avec Sadyk, qui fut obligé de s'enfuir. Puis il se fit nommer *batyr-bacha* (commandant en chef) et se fit donner pour lieutenant, avec le titre d'*ésaoul-bacha*, un certain Mir-Baba d'Andijane. Le nouveau commandant en chef passa les six premiers mois sans agir, se contentant de rassembler des troupes à Kachgar. Quatre cents Andijaniens, qui vinrent à lui par petits groupes isolés, lui servirent à constituer les cadres de son armée. Il leur faisait un excellent accueil, les payait généreusement et leur donnait à commander des corps de soldats recrutés parmi les habitants du pays. Avec ces derniers une force de quelques milliers d'hommes se trouva réunie autour de lui dès la première année. Le siége du *goulbakh*, dans lequel les Chinois persistaient à se défendre avec opiniâtreté, fut continué sans interruption et servit d'école militaire aux recrues.

Sur ces entrefaites, l'acceptation de Bouzourouk pour khan par la ville de Kachgar, et les prétentions que, comme descendant d'Appak, il élevait sur toute la Kachgarie, provoquèrent la résistance de Racheddin-Khodja, maître de tout le pays à l'est d'Aksou, ainsi que celle d'Abdurrhaman, qui régnait à Yarkend. Les habitants d'Aksou, de Koutcha, Yarkend et Khotan, se souvenant encore de la tyrannie des khodjas de la famille d'Appak, Djenghir, Katta-Touria et Valikhan-Touria, n'étaient nullement disposés à en faire une fois de plus l'expérience dans la personne de Bouzourouk. Presque en même temps marchèrent sur Kachgar les milices d'Aksou et de Yarkend pour chasser le nouveau prétendant. La position de ce dernier était fort critique et ce fut seulement grâce à l'énergie de Yakoub-Bek qu'il put se maintenir dans Kachgar.

Laissant devant le *goulbakh* une troupe peu nombreuse mais sûre, le hardi général se porta promptement à la rencontre des miliciens d'Aksou, qu'il battit sur les bords du Khan-aryk et poursuivit jusqu'à Yangabat. Puis, revenant sur ses pas, il se porta contre les Dounganes et ceux d'Yarkend, qui déjà se trouvaient à quelques marches de Kachgar. Le combat eut lieu à neuf *tachs* (1) de cette ville, dans le pays de Touzgoun.

En parlant de cette bataille, les témoins oculaires évaluent, en les exagérant sans doute, les forces de l'ennemi à plusieurs dizaines de mille hommes. D'après leurs récits, les Dounganes s'avancèrent jusqu'à une fort petite distance des troupes de Yakoub-Bek, et ouvrirent sur elles un feu très-précis qui leur causa de grandes pertes. Alors celui-ci donna l'ordre à quelques centaines de cavaliers d'élite de charger l'ennemi en flanc, et après avoir mis le désordre dans ses rangs par cette manœuvre, il porta en avant tout le reste de ses troupes, e remporta la victoire.

On raconte que dans la lutte Yakoub-Bek reçut trois blessures, mais les cacha jusqu'à la fin pour ne pas démoraliser ses troupes ; puis, marchant à la poursuite de l'ennemi vaincu, il s'avança jusqu'à Yanghi-Hissar, qu'il emporta d'assaut après quarante jours de siége. La plus grande partie de la garnison et des habitants périrent dans cette attaque. Environ 200 soldats, femmes et enfants, sauvèrent leur vie en embrassant l'islamisme. Après la prise de Yanghi-Hissar, Yakoub-Bek expédia des messagers à Alim-Koul, occupé alors à lutter contre les Russes, pour lui annoncer sa victoire et lui porter des présents, parmi lesquels figuraient neuf jeunes filles chinoises. Mais ces envoyés ne purent accomplir leur mission, car avant d'atteindre Kokand ils apprirent que le 9/21 mai 1865, Alim-Koul avait été tué dans un combat livré aux Russes devant Tachkent. Cette mort amena dans le pays de nouveaux désordres qui servirent indirectement Yakoub-Bek,

(1) Le *tach* est une mesure de longueur indigène, dont il a été parlé plus haut et qui vaut environ 8 verstes russes, ou 8.500 mètres.

en lui donnant les moyens de consolider encore davantage sa position.

Saïd-Khan élevé, comme nous l'avons vu plus haut, sur le trône de Kokand par Alim-Koul, informé que les Russes approchaient de Tachkent, marcha avec ses troupes au secours de la ville. Avant d'y arriver il apprit la défaite et la mort d'Alim-Koul, rebroussa chemin et fut des premiers à s'enfuir du côté de Djizak, pendant qu'une partie de son armée retournait à Kokand et y proclamait khan un bel adolescent, Khoudaï-Koul, qui vendait au bazar des ceintures et des turbans. Ce nouveau khan, connu dans le peuple sous le nom de Bil-Baktchi-Khan, ne régna pas longtemps. Profitant du départ de Saïd pour Tachkent, Khoudoyar, qui vivait en Boukharie depuis qu'il avait été chassé par Alim-Koul, marcha sur Kokand avec des troupes boukhariennes et plusieurs détachements de Turkomans. Bil-Baktchi ne l'attendit pas, et en septembre 1865 il s'enfuit avec 7.000 cavaliers, 30 gros canons et 400 fantassins armés d'arquebuses, se portant d'abord à Oche, puis à Goultcha, dans les montagnes, et enfin par Kyzyl-Kourgan sur Soufi-Kourgan. En ce point la route se bifurque : un embranchement va sur Kachgar par le col de Térek-Davan, l'autre par celui de Chart, sur Alaï.

Voici quel fut l'itinéraire de cette marche exécutée dans les montagnes, et intéressante parce que les troupes traînaient avec elles de lourdes bouches à feu, par des routes tracées pour les bêtes de somme. Les hommes et les canons allèrent en un jour d'Oche à Langar (30 verstes). En ce point il y eut une légère escarmouche avec les éclaireurs de Khoudoyar-Khan, qui furent repoussés. Puis de Langar, la cavalerie, prenant la route directe, arriva le jour suivant à Goultcha (33 verstes), au point où les Russes ont construit dans ces derniers temps le fort du même nom. Les pièces et leurs soutiens firent un long détour par le col de Tchiript-

chik, où elles passèrent la nuit, et atteignirent ensuite Goultcha, après avoir fait ainsi 43 verstes en deux jours. On s'arrêta dix jours en ce point ; puis les troupes et les canons, se
reportant en avant, arrivèrent en un jour à Kyzyl-Kourgan
(16 verstes), où il y eut encore une station de dix journées.
Enfin le mouvement continua sur Soufi-Kourgan, et les
22 verstes qui restaient furent parcourues en un jour par la
cavalerie et en trois par les bouches à feu.

Chaque pièce était attelée de huit chevaux placés en
flèche, et accompagnée de 30 *sarbasses* (fantassins). Dans les
passages étroits on traînait les canons sur le sol. Il fallut en
abandonner deux aux environs de Boulaouli, où un pont se
brisa ; les vingt-huit autres arrivèrent à Soufi-Kourgan.

Khoudoyar-Khan, avec ses troupes, composées de 12.000
aventuriers de toute provenance et de 300 Turkomans, partit
d'Oche, pour se mettre à la poursuite de Bil-Baktchi, qui avait
sur lui vingt jours d'avance. Le premier jour on alla jusqu'au col de Tamghyk, à 40 verstes d'Oche ; le second
jusqu'à Goultcha, et le troisième jusqu'à Soufi-Kourgan. Tout
le train et quatre petits canons avaient été laissés à Tamghyk ;
et depuis Goultcha, les troupes s'étaient complétement allé-
gées, chaque homme ne portant avec lui que quatre petites
galettes.

L'armée de Bil-Baktchi se composait de trois éléments
très-divers : Kirghises, Kiptchaks et Sartas. Ces derniers four-
nissaient les canonniers et les *sarbasses* (fantassins) armés
d'arquebuses. La seule chose commune à tous ces gens, c'est
qu'ils n'avaient pas la bravoure nécessaire pour lutter contre
les soldats, aventuriers comme eux, qui marchaient à leur
poursuite, sous les ordres de Khoudoyar-Khan. Et de fait, à
peine les Turcomans formant l'avant-garde de celui-ci
parurent-ils aux environs de Soufi-Kourgan, que le camp de
Bil-Baktchi fut abandonné à la hâte. Les Kiptchaks se jetè-

rent par la vallée de Terek sur le défilé de Terek-Davan, tandis que les Kirghises, entraînant avec eux Bil-Baktchi et passant par celui de Chart, s'enfuirent vers Alaï. Quant aux Sartas, en voyant fuir leurs camarades, ils ne bougèrent pas, mais tournèrent leurs arquebuses contre eux et se rangèrent tous du côté de Khoudoyar-Khan.

Celui-ci ne poursuivit pas longtemps les fuyards, et après s'être emparé de 80 prisonniers, il s'en retourna paisiblement.

En même temps que les Kiptchaks, parurent à Kachgar: un cousin germain de Bouzourouk-Khan, Katta-Touria qui régnait à Kachgar lors de l'insurrection des khodjas; Bik-Mahomed, commandant des troupes de Tachkent après la mort d'Alim-Koul, et Mirza-Akhmet-Kouch-Béghi ancien khakim de Tachkent. Ce dernier vit encore aujourd'hui à Kachgar, où il n'a plus grande influence.

Tous les Kiptchaks se mirent au service de Bouzourouk et augmentèrent considérablement les forces de Yakoub-Bek. Les travaux de siége contre le goulbakh de Yanghi-Hissar avancèrent plus rapidement, et à l'automne de 1865, Yakoub entra en pourparlers avec le commandant des troupes chinoises Kho-Dalaï, auquel il promit la vie sauve s'il voulait rendre la place et embrasser l'islamisme. Dalaï consentit à tout et informa de son intention de se rendre, en lui conseillant d'en faire autant, *l'ambane* (gouverneur) de Kachgar, qui s'était enfermé avec lui dans la forteresse. Mais celui-ci, ne voulant pas devoir son salut à une trahison politique et religieuse, se fit sauter avec tous ses proches, rachetant ainsi quelque peu, par une mort héroïque, la lâcheté dont il avait fait preuve à l'époque de l'insurrection. Au bruit de l'explosion, Yakoub-Bek fit de suite donner l'assaut. Une partie de la garnison périt; mais environ 3.000 soldats chinois, femmes et enfants se firent musulmans et furent incorporés dans les troupes de l'assiégeant. Puis les maisons de Yanghi-Hissar furent livrées pendant sept jours au pillage.

Après cette victoire Yakoub-Bek se couvrit encore moins du nom de Bouzourouk, et lors des fêtes solennelles qu'il donna à la population de Kachgar, il accepta les mêmes honneurs que s'il eût été le souverain du pays. Il épousa la fille de Kho-Dalaï, auquel il laissa le commandement des Chinois qui avaient embrassé l'islamisme, en lui donnant sur eux droit de vie et de mort. Le faible Bouzourouk, homme sans caractère et, de plus, livré à la débauche, malgré l'auréole de sainteté qui l'entourait et l'entoure encore aujourd'hui, était peu en état de résister aux empiétements de son général, et dès les premiers jours il remit dans ses mains la direction de toutes les affaires.

Mais les Kiptchaks influents, jaloux de Yakoub-Bek, ne l'entendaient pas ainsi. Ils n'attendaient qu'une occcasion favorable pour lui arracher le pouvoir avec l'aide de Bouzourouk lui-même. Elle ne tarda pas à se présenter.

Maître de Yanhgi-Hissar, Yakoub se porta sur Yarkend, après qu'un détachement de ses troupes se fut au préalable emparé du fort de Maral-Bachi, sur la route de Kachgar à Aksou. Il avait déjà réussi à occuper les villes environnantes et se trouvait prêt à porter le dernier coup aux défenseurs de Yarkend, quand éclata dans son camp une insurrection des Kiptchaks. Ceux-ci, ne se croyant pas assez forts pour lutter ouvertement contre lui, s'emparèrent de Bouzourouk, avec lequel ils s'enfuirent à Kachgar, où ils annoncèrent le renversement de Yakoub-Bek.

La situation de ce dernier semblait désespérée, et il lui fallut toute son énergie pour sortir vainqueur de ce mauvais pas. Sans perdre une minute il quitta Yarkend et se rendit à Kachgar, où son approche mit en fuite les Kiptchaks, qui coururent avec Bouzourouk-Khan s'enfermer dans Yanghi-Hissar.

Après une tentative infructueuse pour s'emparer de cette ville à force ouverte, Yakoub entra en négociation avec les Kiptchaks. Bik-Mahomet, chef de l'insurrection, exigea de lui le serment sur le Koran, qu'il leur laisserait liberté entière de se rendre où bon leur semblerait. Yakoub jura, et à cette condition les troupes des révoltés sortirent de la ville par une porte tandis que les siennes y entraient par l'autre. Bouzourouk s'enfuit avec les Kiptchaks ou, suivant d'autres, fut emmené par eux.

Yakoub-Bek, prévoyant les luttes qu'il lui restait encore à soutenir avec les autres villes de Kachgarie, ne se crut pas assez fort pour se passer de l'étendard d'Appak, et au lieu de Bouzourouk, fit proclamer khan Katta-Touria, qui n'avait pas pris part à l'insurrection des Kiptchaks ; mais, malgré son serment, il fit poursuivre ceux-ci par ses troupes. Les fuyards qui avaient pris la route du Kokand furent rejoints et massacrés pour la plupart.

Bientôt toutefois Yakoub remarqua que le nouveau khan semblait peu disposé à être dans ses mains un instrument aussi docile que Bouzourouk, et comme il ne reculait devant rien pour atteindre son but, il trouva promptement un moyen de tourner cette difficulté, en empoisonnant Katta-Touria après quatre mois de règne. Puis il le fit inhumer en grande pompe à côté d'Appak et suivit ses funérailles avec tous les signes de la plus vive douleur. Bouzourouk revint alors, obtint son pardon et fut de nouveau proclamé khan.

Nous n'avons pu réussir à savoir quel rôle avait joué la population de Kachgar au milieu de toutes ces révolutions. On m'a dit, par exemple, que le peuple accueillit avec joie la proclamation de Katta-Touria comme khan ; mais je n'en crois rien, car je ne comprends pas quels eussent pu être les motifs de cette satisfaction. Le souvenir de la révolte des sept khodjas était encore présent à l'esprit du plus grand nombre, et il est difficile d'admettre que Katta-Touria pût être populaire.

Débarrassé des Kiptchaks, Yakoub-Bek se retourna contre Yarkend. A l'instigation de Niass-Bek, lieutenant du souverain Khozret-Abdurrhaman, le commandant en chef des troupes, Khodja-Bourkhaneddin, refusa de combattre contre Yakoub-bek, en disant qu'il lutterait bien pour délivrer Yarkend du joug des Chinois, mais qu'il n'avait aucun motif de résister à Bouzourouk-Khan. Avec l'aide de Niass-Bek, Yakoub s'empara de Yarkend après une fusillade insignifiante.

Il installa comme khakim de cette ville un mollah, Younouss-Djian-Chagaoul, élevé déjà par Alim-Koul au rang de *datkha*. C'était un homme de Tachkent, où il avait servi comme secrétaire aux marchands, et s'était rendu célèbre par son habileté dans l'art de l'écriture. Les admirateurs de son talent m'ont assuré même que lorsqu'il veut s'en donner la peine, on ne peut lire sans verser des larmes un papier sérieux quelconque écrit par lui. Il est encore aujourd'hui (commencement de 1877) khakim de Yarkend.

Yakoub-Bek se porta ensuite sur Khotan, déclarant qu'il n'y venait pas en ennemi et laisserait le gouvernement de la ville à Khabi-Boulla-Khodja. Celui-ci, se fiant à ses promesses, vint à sa rencontre avec de riches présents et reçut dans son camp l'accueil le plus flatteur. Yakoub lui répéta qu'il n'avait aucune intention hostile et voulait seulement prier sur le tombeau de l'iman Djafari-Sadyk, descendant du saint Ali. Le confiant Khabi-Boulla consentit à passer la nuit dans le camp, et Yakoub-Bek le fit assassiner pendant son sommeil.

En apprenant la mort d'un chef qu'ils aimaient, les habitants de Khotan, furieux de la trahison de Yakoub, se soulevèrent et sortirent de la ville pour l'attaquer. Les femmes elles-mêmes s'étaient armées de tout ce qui leur était tombé sous la main et combattirent côte à côte avec leurs maris. Yakoub chargea cette cohue sans discipline, la mit en fuite et, la poursuivant, pénétra dans la ville, dont il se rendit maître après une lutte sanglante. Il y installa comme khakim Niass-Bek, qui l'avait aidé à s'emparer de Yarkend et qui gouverne encore la ville actuellement.

C'est ainsi que pendant les années 1866-1867, Yakoub-Bek avait déjà réuni sous son autorité les provinces de Kachgar, Yanghi-Hissar, Yarkend et Khotan. Bouzourouk-Khan, au nom duquel se faisaient ces conquêtes, se trouvait peu à peu mis à l'écart, et Yakoub finit enfin par lui proposer de se rendre en pèlerinage à la Mecque. C'était un ordre auquel le malheureux prince ne pouvait qu'obéir. Il se mit donc en route pour Kachmir, d'où il passa dans le Fergan, où il réside encore aujourd'hui dans le bourg de Kinaghess (district de Kokand, près de Karaoul-Tioubé et Kach-Tigerman). Entièrement étranger aux affaires politiques, il vit en anachorête, des offrandes que lui font ceux qui le vénèrent, et passe ses jours dans le jeûne et la prière. Après son départ Yakoub-Bek se fit proclamer khan avec le titre de *badaoulet*, c'est-à-dire le très-heureux.

Il ne lui restait plus qu'un seul adversaire en Kachgarie; c'était Racheddin dont l'autorité s'étendait sur les villes d'Aksou, Koutcha et Karachar. A peine revenu de Khotan, le nouveau khan se tourna contre lui, et pendant l'été de 1867 fit marcher ses troupes sur la ville de Koutcha où il résidait.

La route suivie par Yakoub pour se rendre de Kachgar à Koutcha, passe par le fort de Maral-Bachi, dont il s'était rendu maître peu auparavant, et par Aksou. La façon dont il s'empara de cette ville est assez mal connue. Les uns disent que, de Maral-Bachi, Yakoub-Bek se porta directement sur elle et y entra après une vive résistance. D'autres racontent, au contraire, qu'il la laissa de côté pour marcher droit sur Koutcha, et qu'après la chute de cette ville, les habitants d'Aksou firent d'eux-mêmes leur soumission.

Après la prise de Yarkend par Yakoub-Bek, Racheddin avait fait venir à Koutcha son parent Bourkhaneddin et, pour son refus de lutter contre Yakoub, l'avait emprisonné. Mais dès qu'il apprit que le conquérant marchait sur Koutcha, il fit mettre Bourkhaneddin en liberté, lui témoigna les plus grands égards et le nomma commandant en chef de toutes les milices des villes de Koutcha, Baï, Kourla, Karachar et Chaïar, réunies pour combattre le terrible Yakoub. C'était une force de quelques milliers d'hommes, que des renseignements, peu dignes de foi à la vérité, portent même à 80.000. Bourkhaneddin se mit à leur tête, s'avança à la rencontre de Yakoub-Bek, et passa sous ses drapeaux avec toute son armée. Yakoub continua sa route jusqu'à Koutcha et, pour s'en emparer fit usage de la même ruse qu'à Khotan.

A l'approche des troupes assaillantes, Racheddin envoya des ambassadeurs à Yakoub pour lui déclarer qu'il avait délivré son pays des Chinois, mais qu'il n'avait nulle envie de combattre les musulmans. Yakoub, de son côté, répondit qu'il venait à Koutcha dans l'unique but de s'agenouiller sur le tombeau du khan Khazret-Maoulan, l'un des ancêtres de Racheddin. Celui-ci sortit alors de la ville et vint à sa rencontre avec des présents.

A moitié route entre la ville et le camp tous deux descendirent de cheval et s'embrassèrent. Puis Racheddin fut invité à visiter le camp de Yakoub, et le soir même on le massacra. En apprenant la mort de leur khan, les habitants de Koutcha se rendirent sans combat, et Yakoub-Bek leur donna pour khakim Issa-Khodja le propre frère de Racheddin.

De Koutcha, Yacoub marcha sur Kourla, qu'il prit également sans éprouver de résistance, et ayant ainsi réuni sous sa domination toutes les villes du pays, à population kachgarienne (1), il entama des négociations avec les chefs dounganes pour la délimitation de la frontière. La ligne fut tracée à travers le pays d'Ouchag-tal, à cinquante verstes à l'est de la forteresse de Karachar.

Yakoub-Bek forma la province de Kourla, comprenant la ville de ce nom qui en fut la capitale, la forteresse de Karachar, Yanghi-Hissar et Bougour; puis il nomma khakim de toute cette contrée le datkha Mir-Baba, originaire d'Andijan.

Enfin, considérant la soumission de la Kachgarie à son sceptre comme terminée, l'heureux conquérant retourna par Koutcha et Aksou, dont il nomma khakim le fils de Katta-Touria, et revint à Kachgar dans le but d'y travailler à l'organisation de l'empire qu'il avait conquis. C'est sans doute à ce moment qu'il reçut dans sa capitale le colonel russe Reintal, envoyé en 1868 par le gouverneur du territoire de Sémiriétchensk, le général-lieutenant Kolpakofsky.

Il ne fut pas permis cette fois encore, à Yakoub-Bek, de rester longtemps en repos. Les Dounganes de Kounia-Tourfan, d'Ouroumtchi et de Manas, n'étaient pas disposés à respecter la frontière qu'il leur avait fixée. Réunis en bandes nombreuses, ils marchèrent d'abord sur Karachar et Kourla, dont les habitants furent entièrement pillés, puis sur Koutcha.

Le khakim d'Aksou ayant appris le mouvement offensif des Dounganes, en informa Yakoub-Bek à Kachgar, et se dirigea lui-même sur Koutcha, en rassemblant les milices sur sa route. A la tête de celles d'Aksou, de Koutcha, de Baï

---

(1) Dans les villes de Kounia-Tourfan, Togsoun, Ouroum-Tchi, Manass, dominent les Dounganes, et, dans la province de Karachar, les Kalmouks.

et de Chayar, il se porta ensuite à la rencontre des Dounganes. Le combat eut lieu à 14 verstes de Koutcha, près du
village d'Outch-Kara. Par suite de la trahison de ceux de
Chayar, les Dounganes remportèrent une victoire complète.
Le khakim perdit plusieurs milliers d'hommes, et sur le
champ de bataille on voit encore aujourd'hui de longues
rangées de pierres tumulaires, marquant l'endroit où ils
sont tombés.

Poursuivant l'ennemi vaincu, les Dounganes pénétrèrent
dans la ville, qu'ils pillèrent et incendièrent en partie. Ils
étaient dirigés par un certain Ak-Moulla, ancien bek au service de la Chine, qui pendant le pillage de Koutcha parvint
à les contenir un peu. Maintenant encore il est premier
serker (1) dans cette même ville.

Les Dounganes après s'être installés en maîtres à Koutcha,
n'y laissèrent qu'une partie des leurs. Parmi les habitants
du pays, leurs partisans, ils choisirent des khakims pour les
différentes villes de Kachgarie, laissant à chacune de celles-
ci le soin de s'affranchir, elle et son territoire, du joug de
Yakoub-Bek.

Ce dernier, sur ces entrefaites, était venu à Aksou, recueillir les débris qu'y amenait le khakim battu et commencer de
suite les préparatifs d'une campagne sérieuse. Il choisit pour
chef de l'armée destinée à opérer contre Koutcha, son fils
aîné Bik-Kouly-Bek et Mirza-Achmet-Parmanatchi.

Après une première escarmouche avec les Dounganes aux
environs de Baï, une bataille fut livrée entre Koutcha et
Aksou, près du bourg de Kouchtam. Les Dounganes furent
battus, et les troupes de Yakoub-bek occupèrent de nouveau
Koutcha. Lui-même y fit son entrée à leur suite et en nomma
khakim, Alayar-Bek.

---

(1) Nous dirons plus loin ce que sont les fonctionnaires ainsi nommés.

Les Dounganes en se retirant pillèrent encore une fois Kourla, emmenèrent les jeunes filles et les troupeaux. Ils s'arrêtèrent ensuite dans les environs de Karachar et se mirent à rassembler de nouvelles forces pour s'opposer à la marche en avant de Yakoub-Bek. Une deuxième bataille, plus importante que la première, eut lieu près de Donzill, entre Kourla et Karachar, à une marche de la première et à 15 verstes de la seconde de ces deux villes. Les Dounganes furent taillés en pièces, mais Yakoub-Bek, de son côté, perdit 500 hommes.

De retour à Kourla, le Badaoulet (1) ne voulut plus se contenter de la frontière qu'il avait jadis fixée aux Dounganes. Craignant, non sans raison, de nouvelles incursions de leur part, il résolut de s'emparer des villes d'Ouroumtchi et de Kounia-Tourfan, et commença dans ce but à préparer une armée.

La population nomade des environs de Kourla se composait de quelques dizaines de milliers de Kalmouks, des tribus Torgautes et Kochoutes. Dès les premiers jours de l'insurrection des Dounganes, ces Kalmouks se joignirent à eux et reçurent en récompense la propriété de la fertile vallée de Kaïdyn-Koua et des environs du lac de Bigratch-Koul (2), près de Karachar.

Après avoir dispersé la population sédentaire de Karachar, ils s'installèrent sur le territoire qui leur était assigné. Puis, à la nouvelle de la première expédition de Yakoub-Bek contre Kourla, ils se réfugièrent dans les montagnes, non sans avoir une dernière fois pillé la ville. Mais après la deuxième occupation de celle-ci par les troupes du Badaou-

---

(1) C'est-à-dire l'*heureux* ; c'est le surnom que s'est décerné Yakoub Bek, comme nous l'avons dit plus haut.

(2) Sur les cartes ce lac est faussement désigné sous le nom de Boston-Noor.

let, ils se décidèrent à faire leur soumission. La reine des Torgautes, qui régnait sur tous les Kalmouks, vint trouver le vainqueur dans son camp et lui faire acte d'obéissance. Les présents qu'elle apportait à Yakoub se composaient de 1.000 chameaux, 1.000 chevaux, 500 moutons et 45 *yambas* d'argent (le *yamba* vaut 108 roubles). La souveraine était accompagnée de ses troupes, qui consistaient en quelques milliers de cavaliers armés d'arcs et en partie de fusils.

Yakoub-Bek fit une réception flatteuse à la princesse torgaute, accepta volontiers la soumission des Kalmouks et promit de respecter leur religion (le bouddhisme).

En même temps il ordonnait à Khodja-Mirza, qu'il avait nommé khakim de Kourla, de surveiller le plus adroitement possible, ces nouveaux sujets.

Pour en finir avec les Kalmouks, ajoutons que peu après le départ de Yakoub pour Kachgar, leur reine se prétendit offensée par un acte quelconque du khakim. Et après avoir préalablement pillé la ville de Kourla, elle se retira avec toute la tribu torgaute dans les montagnes, sur le territoire du district de Kouldja, où elle fit sa soumission aux autorités russes. Il ne reste plus aujourd'hui aux environs de Karachar qu'un petit nombre de Kalmouks nomades de la tribu des Kochoutes.

Les détails que j'ai pu me procurer sur la campagne de Yakoub-Bek contre les villes de Kounia-Tourfan et d'Ouroumtchi sont assez contradictoires. Bien que ces événements soient très-récents, et que j'aie recueilli des renseignements sur place pendant mon séjour à Kourla, je n'ai pu découvrir exactement la vérité; pas plus en interrogeant les habitants du pays que les soldats kachgariens qui ont pris part à la lutte. Il me faut donc rapporter ici les deux versions les plus complètes, malgré qu'elles soient très-dissemblables.

D'après la première, Yakoub-Bek, parti de Kourla, s'empara de Kounia-Tourfan sans combat, puis se dirigea sur Ouroumtchi. Il en était encore à plus de 16 verstes quand son avant-garde se heurta, vers le soir, aux postes avancés établis par les habitants de la ville. Il les repoussa et fit bivaquer ses troupes en vue du gros des forces adverses.

La ville d'Ouroumtchi est située sur une hauteur et arrosée par les trois bras de la rivière qui porte le même nom. Le Badaoulet s'avança par la vallée même que suit ce cours d'eau.

Ses forces étaient réparties en cinq *lachkars*, commandés chacun par un *lachkar-bachi*.

Le premier, composé de 11 « *étendards*, » 1 bataillon de sarbasses rouges et 8 canons, était sous les ordres de Djamadar-Parmanatchi ; le deuxième, fort de 11 à 12 étendards, était commandé par Niaz-Khakim-Bek-Datkha.

Abdoulla commandait le troisième, formé de 10 étendards, et Omar-Koul-Datkha le quatrième, qui en comptait neuf. Le cinquième enfin, comprenant 12 étendards, était sous la direction personnelle de Yakoub-Bek lui-même.

Un « *étendard* » se composait de 200 à 250 hommes ; il était commandé par un *pansat* et se divisait en *sotnias* dont le nombre variait de 4 à 8, et dont chacune était sous les ordres d'un *youz-bachi*.

L'armée du Badaoulet, avec ses 53 ou 54 étendards, représentait donc un effectif de 11 à 15.000 soldats ; elle était en outre accompagnée de quelques milliers de domestiques.

Les troupes de chaque lachkar se divisaient en *kara-koundags* et en *djighites*. Les premiers constituaient une sorte d'infanterie armée de fusils à mèche, mais montée, pour la marche, sur des chevaux. Les seconds représentaient la cavalerie, pourvue aussi d'armes à feu.

Dans le lachkar de Djamadar-Parmanatchi seulement, il y avait de 500 à 700 hommes d'infanterie proprement dite. Il s'y trouvait aussi 150 cavaliers afghans, et ses 8 canons formaient toute l'artillerie de l'armée.

L'ennemi présenta sur le terrain un effectif de 20.000 Dounganes. Dès le matin les deux partis envoyèrent en avant des tirailleurs qui engagèrent l'action. Les Dounganes prirent les premiers l'offensive. Yakoub-Bek, pour leur faire face, déploya en ligne de bataille trois lachkars, formant l'aile droite, le centre et l'aile gauche, et séparés l'un de l'autre par les bras de l'Ouroumtchi. Chacun d'eux constituait une colonne distincte qui s'avançait, précédée d'une chaîne de tirailleurs. Deux lachkars se tenaient en réserve.

En approchant de l'ennemi, les kara-koundaks mirent pied à terre et ouvrirent le feu. Dans chaque lachkar les « étendards » s'engageaient successivement. Quand le combat s'échauffa, la mêlée ne tarda pas à devenir générale, et les deux armées ne présentèrent plus qu'une masse confuse, avançant et reculant alternativement dans un sens ou dans l'autre. Yakoub-Bek se tenait auprès de sa réserve et observait avec une lunette la marche de la bataille. S'étant aperçu que l'ennemi dirigeait principalement ses efforts sur le flanc droit de la position, et commençait même à le serrer de près, il fit mettre pied à terre aux hommes de son lachkar et les conduisit lui-même au secours de ses autres troupes. En même temps il envoyait ses *makhrams* (aides de camp) dans toutes les directions, annoncer la marche de ses réserves et ordonner une attaque générale. Les renforts amenés ainsi en temps opportun au flanc droit décidèrent la victoire en faveur de Yakoub. Les Dounganes battirent en retraite, et l'unique lachkar qui restait encore en réserve n'eut plus qu'à poursuivre l'ennemi.

Les pertes furent toutefois assez considérable des deux côtés, puisque des 150 cavaliers afghans notamment, la moitié au moins furent tués.

Le lendemain de l'affaire, Yakoub-Bek envoya ses ambassadeurs à Ouroumtchi, pour faire savoir aux Dounganes que lui, Yakoub, ne voulait pas donner l'assaut à la ville et désirait éviter toute nouvelle effusion de sang ; qu'il combattait pour la vraie croyance, et que par conséquent il serait heureux de marcher d'accord avec eux, musulmans comme lui. Il n'exigeait de leur part qu'une soumission nominale.

Quelques jours après une ambassade chargée de riches présents vint apporter la réponse au camp de Yakoub et lui annoncer que les habitants consentaient à rendre leur ville. Le Badaoulet fit son entrée dans Ouroumtchi et traita fort amicalement ses adversaires de la veille. Il nomma khakim, Suleyman-Bek, frère de celui-là même qui occupait précédemment ce poste ; puis, après être resté une vingtaine de jours à son camp d'Ouroumtchi, il reprit la route de Kounia-Tourfan, où pendant plusieurs jours consécutifs il célébra par des fêtes son nouveau triomphe. Cette occupation d'Ouroumtchi s'effectua en 1869-1870.

Mais, comme je l'ai dit, la prise de cette ville et de Kounia-Tourfan par Yakoub-Bek, est encore racontée d'une autre manière.

Lors de l'insurrection des Dounganes, assure-t-on, l'amban du district de Laï-San, Choucha-Goun, se réfugia près de Yakoub-Bek qui le reçut très-bien et l'emmena avec lui lorsqu'il partit pour réprimer l'incursion des Dounganes à Koutcha. Ce Choucha-Goun avait réuni environ 8.000 hommes échappés au massacre général des Chinois, et à leur tête il accompagna Yakoub dans sa marche sur Kounia-Tourfan. Après la prise de cette ville, le Badaoulet envoya ce précieux allié contre Ouroumtchi, en ne lui adjoignant qu'une portion insignifiante de ses propres troupes. Il le suivit seulement jusqu'à une marche d'Ouroumtchi et s'arrêta.

Ce fut donc Choucha-Goun qui, avec les troupes auxiliaires

fournies par Yakoub, s'empara d'Ouroumtchi, de Houmataï, de Mouri, de Tchataï, de Manas, de Saniatch et de Lansaï. Tous ces points furent pris de vive force, et le gouvernement en fut tout d'abord confié à Choucha-Goun.

Puis, quand il se fut ainsi rendu maître de toutes ces villes avec l'aide des Chinois, Yakoub-Bek changea tout à coup de manière d'agir à leur égard : il se mit à les persécuter et à se plaindre de la situation qui se trouvait ainsi faite à la population, c'est-à-dire aux Dounganes. Les troupes chinoises furent licenciées, et les garnisons constituées partie avec les soldats de Yakoub, partie avec des Dounganes. Enfin le commandement suprême sur toutes les villes conquises fut remis à deux chefs dounganes, Chikho et Dakho, auxquels Choucha-Goun lui-même fut obligé de se soumettre. Profondément irrité, celui-ci s'enfuit à Pékin avec 500 Chinois, pour demander à l'empereur de lui donner 8.000 soldats, s'engageant à reprendre avec eux toutes les villes dounganes.

Quoi qu'il en soit de ces deux récits, quand Yakoub-Bek eut arrangé ses affaires dans les villes orientales de ses États, il rentra dans Aksou et y fixa sa résidence.

Pendant les cinq années qui suivirent il ne s'occupa plus que de l'organisation intérieure de l'empire qu'il avait fondé. Un de ses premiers soins fut d'assurer ses frontières du côté de la province russe de Sémiriétchensk et du khanat de Kokand. La construction, par les Russes, du fort de Naryn l'inquiéta vivement et il protesta contre l'occupation, par ces dangereux voisins, d'une portion de la rive gauche du Naryn, qu'il considérait comme constituant la limite naturelle de ses possessions et du Sémériétchensk. C'est à cette époque qu'il fit construire le fort très-solide de Tchakmak sur la route qui va du fort Naryn à Kachgar, par les défilés de Tourougart et de Térektin.

Du côté du khanat de Kokand, la question des frontières se présentait pour Yakoub-Bek d'une façon quelque peu différente. Profitant de la faiblesse de Koudoyar-Khan, il empiéta sur son territoire, poussant un poste après l'autre, toujours plus avant dans les montagnes. Du temps de Madali-khan, la frontière du Kokand passait par Kourgachin-kani, à 88 verstes de Kachgar. Yakoub la porta d'abord à Ouksa-lyr, puis à Oulougtchat, où il construisit un fort dont il fit un centre de gouvernement pour toute la population kara-kirghize environnante. Puis, non content de cela, il a transporté dans ces dernières années ses postes avancés à Nagratchalda, Etchin et enfin, l'an dernier, jusqu'à Irkecht. La conquête du khanat de Kokand par les Russes a seule arrêté sa marche continue vers le nord. Mais il est très-possible, si le règne de Koudoyar-Khan dure encore quelques années, que Yakoub-Bek traverse Térek-Davan et s'avance jusqu'à Oche.

En 1866 le petit district montagneux de Sarykoul se soumit à Yakoub. Plus tard Alaf-Chakh, qui le gouvernait, profitant des troubles régnant à Chignan et à Pamir, refusa de se soumettre à l'autorité du Badaoulet. Celui-ci organisa en conséquence à Yarkend, en 1869, une expédition contre Sarykoul. Les troupes d'Alaf furent battues, lui-même tué, et une grande partie de la population transportée à Yarkend et Kachgar. Tous ceux qui se trouvèrent capables de porter les armes furent incorporés dans les sarbasses.

En 1872 une nouvelle insurrection des Dounganes arrêta Yakoub au milieu de son travail de réorganisation de la Kachgarie. Cette fois il confia le soin de punir les coupables à son fils aîné Bik-Kouly-Bek. Ce dernier se porta rapidement sur Ouroumtchi, qu'il attaqua et prit d'assaut après un combat sanglant. De là il marcha sur Manas et s'en rendit maître également. Puis après avoir laissé de petites garnisons dans les villes conquises, et avoir fait exécuter quelques centaines d'individus, Bik-Kouly-Bek s'en retourna et fut, comme vainqueur, reçu avec de grands honneurs par son père.

De 1872 à 1876 la Kachgarie se trouva jouir enfin d'une tranquillité qui lui était inconnue depuis longtemps. Yakoub-Bek en profita pour s'occuper avec activité de l'armement et de l'instruction de ses troupes, reçut l'ambassade russe conduite par le colonel Kaulbars et deux ambassades anglaises ; il envoya lui-même des ambassadeurs aux Indes et à Constantinople, et se fit reconnaître en qualité d'émir aussi bien par les Turcs que par les Anglais.

Pendant cette même période, les Chinois, avançant pas à pas avec une lenteur méthodique, réussirent à apaiser l'insurrection doungane et arrivèrent jusqu'à la ville de Manas, qu'ils assiégèrent et prirent. La nouvelle de cet événement contraignit Yakoub-Bek de laisser son fils aîné à Kachgar pour marcher lui-même à la rencontre de ses ennemis, afin de les empêcher, si possible, de s'emparer également d'Ouroumtchi et de Kounia-Tourfan. En ces deux points, comme à Manas, il n'avait que de faibles garnisons, incapables de résister aux Chinois, et il ne pouvait guère compter sur les Dounganes.

Ayant réuni toutes les forces dont il pouvait disposer à Kachgar, Aksou, et Koutcha, Yakoub s'avança par Kourla et Karachar sur Togsoun. Ses forces montaient à 12 ou 15.000 hommes. Les Chinois s'étaient portés de Manas sur Houmataï ; pour renforcer la petite garnison de cette ville, le Badaoulet se hâta d'envoyer 600 cavaliers bien montés et bien armés, avec quatre pansats, sous le commandement supérieur d'Azim-Koula. Lui-même suivait en arrière, à quelques marches. Mais les Chinois le prévinrent ; avant l'arrivée des renforts Houmataï était déjà pris et pillé, et une grande partie de ses habitants massacrés. Réunissant ensuite leurs forces, ils se jetèrent sur le faible détachement d'Azim-Koula. Les Kachgariens se défendirent en désespérés; leur chef fut tué, la plupart périrent, et une centaine à peine parvinrent à s'enfuir pour apporter au Badaoulet ces mauvaises nouvelles.

J'ai pu recueillir sur ce combat, comme sur la personnalité d'Azim-Koula quelques détails intéressants et caractéristiques. Fameux par sa bravoure et son énergie, il n'en fut pas moins longtemps en disgrâce par suite de sa querelle avec le khodja Mirza, aujourd'hui khakim du cercle de Kourla.

La dispute avait eu lieu un jour de réception solennelle chez Yakoub-Bek : Azim-Koula reprocha à son ennemi de trop s'enorgueillir, et d'oublier trop tôt que naguère encore il faisait des bottes dans une boutique de Pskent. A quoi Mirza riposta : « Tu es bien fier aussi, toi qui tissais il n'y a pas longtemps de la toile à Alty-Arik. » Ils avaient raison tous les deux; car, en réalité, avant de faire partie de l'aristocratie kachgarienne, l'un d'eux était cordonnier et l'autre tisserand.

Néanmoins Azim-Koula fut tellement irrité de ce reproche que, tirant son cimeterre, il se jeta sur Mirza en la présence même de Yakoub-Bek. Désarmé aussitôt, il fut envoyé à Kourla, où il resta neuf mois en prison, jusqu'à l'arrivée de Yakoub, qui le fit venir, lui pardonna, le traita avec les plus grands égards et, comptant tirer parti de sa valeur, l'emmena avec lui dans son expédition. Ce fut même pour lui donner l'occasion de se distinguer qu'il lui confia le commandement du corps d'avant-garde dont nous avons parlé.

Quand la masse des Chinois et des Kalmouks menaça d'envelopper la petite troupe kachgare, l'un des quatre pansats,

Mahomet-Saïd, conseilla à Azim-Koula de battre en retraite ; sur quoi ce dernier s'écria : « Plutôt mourir cent fois que d'avoir encore à lécher la poussière des pieds du Badaoulet. » Une mêlée acharnée commença ; Azim-Koula se battit comme un lion et ne répondit pas aux propositions qu'on lui faisait de se rendre. Blessé il tomba et, bien que gisant sur le sol, il déchargea encore son fusil ; puis, se relevant sur les genoux, il continua de tenir ses adversaires à distance avec son cimeterre. Un Kalmouk enfin le perça d'une flèche. Le pansat Saïd réussit à se faire jour à travers les rangs de l'ennemi avec une centaine de Kachgariens.

Après la prise de Houmataï les Chinois se portèrent sur Ouroumtchi. A mesure que leurs troupes avançaient, des milliers de familles dounganes, fuyant devant eux, quittaient leurs demeures et couraient se mettre sous la protection de Yakoub-Bek. Il en dirigea une grande partie sur les villes frontières, et recruta parmi eux une milice montant à un effectif de 10.000 hommes, qu'il envoya tenir garnison à Kounia-Tourfan.

L'hiver de 1876-1877 vint interrompre momentanément les opérations militaires, avant que les forces principales de Yakoub pussent se mesurer avec les Chinois. Les deux partis éprouvaient une grande difficulté à faire vivre leurs troupes et furent obligés d'en reporter une partie en arrière.

La crête du Davantchi séparait les deux armées. Le point le plus avancé occupé par les Chinois était Ouroumtchi, où ils avaient 6.000 hommes. Le premier poste de Yakoub était le fort Davantchi, contenant une garnison de 800 hommes, armés de fusils à tir rapide et de deux canons rayés.

Pendant l'hiver les troupes de Yakoub-Bek n'ont pas reçu de renforts. Quant à leur état moral il n'a fait qu'empirer. La désertion, augmentant toujours, a fini par gagner ceux-là même, dont la fidélité semblait le moins douteuse. L'un des premiers à quitter l'armée a été Sadyk-Bek, ancien khakim de Kalpine au service de la Chine, et qui, sous Yakoub-Bek, exerçait dans la ville d'Aksou les fonctions de youz-bachi ; puis le mirab-bek Bakych, qui avait servi les Chinois en la même qualité dans le bourg de Yar-Bachi-Djama et ailleurs. Ces deux individus se sont enfuis de Kounia-Tourfan pour aller retrouver l'armée chinoise. Ils ont été très-bien accueillis par Choucha-Goun, son chef, et nommés, le premier khakim de Kachgar, le second khakim de Yarkend. Après eux sont passés encore à l'ennemi, pendant l'hiver de 1876-1877, d'abord le trésorier Achir-Akhoun parti avec la caisse de Yakoub-Bek, puis 41 soldats de ses *djighites* (cavaliers) d'élite. Leur exemple a été suivi par les cousins des khakims de Koutcha et de Kachgar, par Khamil-Khan proche parent de Yakoub-Khan, l'ambassadeur de Yakoub-Bek à Constantinople, et par beaucoup d'autres. Enfin de 1876 à février 77, 400 hommes, en tout, ont déserté.

Outre la perte de son trésor et l'abandon de serviteurs qui lui étaient fort utiles, un nouveau malheur est encore venu frapper le Badaoulet pendant cet hiver néfaste. Un vaste dépôt d'approvisionnements et de munitions qu'il avait organisé à Sgapour, sur la route de Togsoun au fort Davantchi, a été brûlé de fond en comble. Les magasins incendiés contenaient 80.000 mesures de farine et 17.000 de gruau. La cause du sinistre est restée inconnue. On l'attribue à la malveillance.

IV

Organisation actuelle et géographie militaire du pays.

Division de la Kachgarie au point de vue administratif. — Les kbakims.
— Perception des impôts directs et indirects. — Les serkers. — Les
youz-bachis, les kazis, les raïs. — Montant des impôts fournis par les
provinces de Kachgar, Maral-Bachi, Aksou, Baï, Koutcha et Kourla.
— Abus dans la perception des impôts. — Mécontentement de la
population coutre Yakoub-Bek. — Causes du mécontentement des
diverses classes sociales : agriculteurs, commerçants, clergé, armée.
— Conclusion.

Administrativement la Kachgarie se divise en dix unités
principales et un nombre considérable d'unités secondaires.
Les premières sont les provinces de Kachgar, Yanghi-Hissar,
Yarkend, Khotan, Aksou, Outch-Tourfan, Baï, Koutcha ,
Kourla et Kounia-Tourfan.

Parmi les secondes on peut citer les districts de Maral-
Bachi entre Kachgar et Aksou ; d'Oulougtchat, qui comprend
une portion de la bande de pays montagneux séparant le
territoire de Fergan de la Kachgarie ; celui de Kargalyk, entre
Yarkend et Khotan, et celui de Tachkourgan, situé dans les
régions élevées où le Yarkend-Daria prend sa source.

Il est encore un certain nombre de ces districts qui se
trouvent enclavés dans les provinces que nous avons men-
tionnées, mais ont pourtant une administration indépendante. Les seuls que nous connaissions sont, dans la province de Kachgar : ceux d'Oupal, de Tach-Malyk, d'Artouch,
d'Argou, de Tazgoun et de Khan-Aryk.

Chacune des grandes provinces renferme une ville et un
plus ou moins grand nombre de *kichlaks* (villages). Ainsi à

la province de Kachgar appartiennent ceux de : Sarman, Togouzak, Tourgan, Kara-kyr, Bich-Karam, Abat, Kyzyl-bouï, Yandoma, Chaptali, Ak-yar, Yar-Massan, Yandoma-le-bas, Baï-Toukaï, Khoch-Abat, Faïzabad, Koup-Sanghir, Toupriak, Karabagh, Parratch, Bouïra-Kitaï, Natchouk, Davlet-Bagh et Kyzil-Doubia.

A la province d'Aksou appartiennent les kichlaks de : Koum-Bach, Saï-Aryk, Bich-Aryk, Tchouk-tal, Igartchi, Assouk, Baldan, Djam, Abdali-Kavounouch, Taldady ou Tas-Langar, Soughet, Koum-Tam et Ichlaki. Ces six derniers portent la dénomination générale de Yar-bachi.

Le district de Maral-Bachi renferme les kichlaks de : Tcharbagh, Toumchouk, Tchadyr-Koul, Psiak-Syndy, Yaka-Koudouk.

La province de Baï renferme ceux de : Kouchtam, Da-vantchik, Tcharktchi, Kara-Bagh, Yaka-Aryk, Mirza-tam, Oun-bachi, Djigdali, Yangobat, Out-bachi, Azgan, Youkaghir-Balyktchi, Itartchi, Yanghi-Langar, Kaptchi, Ak-ouïli, Tchoudja-balyktchi, Aral, Togtoçoun, Bougan, Tchigan, Kyzyl et autres. Les douze derniers sont groupés autour du village important de Saïram, porté comme ville sur les cartes.

Dans la province de Koutcha on trouve la ville de Chayar et les villages de Kara-kach, Kountchi-makhala, Tagh-aryk, Boustan, Païlou, Toï-bouldy, Soulcïman, Togous-Tama, Khodja-Kambar, Davlet-bagh, Saryk-Tougrak, Chikh-lari, Kok-Houmbat, Chamal-bagh, Mazar-bagh, Outchar, Mazar-khodja, Chounout, Yaka-aryk, Sakatchi, Ouzgoun, Taghini, Krich, etc.

Enfin la province de Kourla possède ceux de : Boughour, Yanghiçar, Yangobat, Tach-aryk, Yaïtchi, Tchimpakh, Aral, Alassaï (ces quatre derniers groupés autour de Boug-hour), Kargalik, Takhty, Bagh-Djida, Malou, Bouloun, Koudouk, Tala-boulak, Ak-saraï (ces huit derniers autour de Yanghi-Hissar), Dourban, Koch-aryk, Tourba, Saïlyk, Saï-bagh (ces cinq derniers non loin de Kourla), Dangzill, le fort et le kichlak de Karachar, etc.

Le Badaoulet nomme pour khakims ou gouverneurs de chaque province des *beks*, et dans les districts, des *beks*, des *togsobs*, des *pansats* et même des *youz-bachis*. Tous ces khakims sont indépendants l'un de l'autre et relèvent directement de Yakoub-Bek lui-même. Chacun d'eux gouverne son territoire absolument comme s'il en était le fermier. Il est obligé de payer au trésor une somme fixe en argent et en grain ; tout ce qu'il trouve moyen de percevoir en plus est pour lui. Aussi ces khakims ne reçoivent-ils aucun traitement, pas plus que de frais d'administration. Et de plus ils sont obligés d'entretenir, sur les revenus de leur district, un plus ou moins grand nombre de soldats pour tenir garnison dans les villes, ainsi que des agents de police et des *tchabars* (courriers).

Suivant les dispositions de Yakoub-Bek à leur égard, les khakims reçoivent une plus ou moins grande étendue de terres pour en jouir d'une façon temporaire ou permanente. Outre la quantité déterminée de grain et d'argent qu'il doit fournir au trésor, chacun d'eux est encore obligé d'offrir tous les ans au souverain des présents dont la valeur influe beaucoup sur le degré de faveur dont il jouit auprès du maître. Ces présents consistent généralement en chevaux, en ballots renfermant les uns des robes, des tapis, des étoffes de soie, les autres du thé, du sucre ; ou bien en vases contenant de la monnaie ou des lingots d'or ou d'argent.

Le chiffre 9 joue un grand rôle dans la fixation du nombre des objets offerts. Ordinairement l'on donnera une ou plusieurs « *neuvaines* » de chevaux, 9 ballots de robes, ou simdement 9 robes, 9 caisses de sucre ou 9 pains de sucre

9 yambas (lingots qui valent 108 roubles), etc. Ces présents sont apportés soit par les khakims eux-mêmes lorsqu'ils viennent saluer le Badaoulet, soit par leurs hommes de confiance.

Yakoub-Bek accorde en échange à ses khakims, plus d'estime et de bonnes paroles que d'objets matériels ayant une valeur réelle en argent. Des robes de différentes nuances, des ceintures et des armes, tels sont les cadeaux qu'il fait aussi bien aux premiers khakims qu'aux derniers tchabars.

Avant de parler de l'administration, nous allons, pour mieux faire comprendre les obligations qui incombent à chacun, jeter un coup d'œil rapide sur les impôts et les charges qui pèsent sur la population kachgarienne, et qui sont, du reste, les mêmes que dans les autres contrées de l'Asie.

Le premier, dit *khéradj*, est une sorte de dîme mise sur les récoltes, dont il faut laisser au fisc la dixième partie. Puis vient le *tanap*, ou impôt sur les cultures maraîchères. Son chiffre varie et peut aller jusqu'à 20 *tengas* (2 roubles ou 8 francs). Enfin le *ziaket* est un impôt sur le bétail et les marchandises, et représente 2 1/2 p. 100 de leur valeur.

Après ces trois impôts directs ou principaux, il en est une foule d'autres accessoires, tels que :

Le *saman-poul* : primitivement sur chaque *batman* de grain, surtout de froment, livré en payement du *khéradj*, on prenait deux sacs de paille supplémentaires, qui constituaient le profit des percepteurs. Maintenant au lieu de paille on prend de l'argent, calculé d'après un tarif arbitraire, mais très-élevé.

Le *kiafsen* est le nom d'un impôt sur le grain, également établi au profit des collecteurs pour couvrir leurs frais de perception. Le taux en est aussi réglé d'une façon arbitraire et dépend de la plus ou moins grande avidité des *beks* et de leurs agents.

Le *tari-kara*. Après la mort de chaque indigène on estime sa propriété et l'on prend pour le trésor de 2 1/2 à 5 p. 100 du prix d'estimation.

A ces impôts collatéraux se rapportent encore les contributions exigées des habitants, en argent, vivres et combustible, au bénéfice des voyageurs étrangers qui traversent le pays ou arrivent en différents points, et la réquisition de moyens de transport pour les bagages de l'armée.

Enfin il faut en outre fournir gratis le combustible nécessaire au chauffage des casernes et des établissements publics, et cultiver de même les lots de terrain accordés à certains fonctionnaires.

Au point de vue administratif et pour la perception des impôts, chaque province ou district se subdivise en un plus ou moins grand nombre de parties (*aksakalats*) renfermant chacune un ou plusieurs villages (*kichlaks*).

Les deux principales autorités de l'*aksakalat* sont le *serker* et le *youz-bachi*.

Le premier est chargé de percevoir, de conserver et d'envoyer au trésor l'impôt *khéradj*. Il administre aussi les magasins d'approvisionnement de l'État, où les détachements de troupes de passage peuvent faire prendre, sur des bons délivrés par les khakims, tout ce qui leur est nécessaire en fourrage et en vivres.

Le *youz-bachi* s'occupe de la perception de l'impôt *ziaket* et de tous les impôts accessoires, à l'exclusion du *saman-poul* et du *kiafsen*, qui rentrent dans les attributions du *serker*. Il est aussi chargé de la police des villages, de l'entretien des routes, de se porter à la rencontre des fonctionnaires en tournée et des troupes en marche, pour leur procurer des logements, comme aussi de faire fournir par les habitants les moyens de transport nécessaires. C'est lui qui les organise et les met à la disposition des autorités militaires.

Auprès de chaque khakim il y a en outre un *serker principal* et quelques *mirzas* (secrétaires ou scribes).

Dans chaque commune les impôts *khéradj* et *ziaket* sont levés, comme nous l'avons dit plus haut, par les autorités locales : *serkers* et *youz-bachis*; l'impôt *tanap* l'est, au contraire, par les *khakims* eux-mêmes, qui envoient leurs *mirzas* pour le recouvrer.

L'impôt *khéradj* est tantôt affermé aux *serkers*, qui s'engagent à fournir au trésor une quantité fixe de grain ou sa valeur en argent, quelle que soit la récolte ; tantôt recueilli par le *serker* lui-même, en nature et en proportion des produits récoltés.

Dans le premier cas, les fonctions de *serker* sont remplies par des gens choisis par le khakim. Dans le second ce fonctionnaire doit être un habitant du pays, et le khakim, en lui donnant l'investiture, exige que les notables lui garantissent l'intégralité du payement de l'impôt.

La justice est rendue en Kachgarie par les *kazis*, qui sont nommés par Yakoub-Bek, à raison d'un pour un nombre variable de communes suivant leur étendue et la densité de leur population. A chaque *kazi* est adjoint un *moufti* ou interprète de la loi. Enfin dans chaque village existe un *raïs*, choisi parmi les habitants dont la moralité et la piété sont le mieux établies.

Les droits des *raïs* sont très-étendus, et dans bien des cas, l'usage arbitraire qu'ils en font et l'extension qu'ils leur donnent, ne sont pas moins vexatoires pour les habitants que le bon plaisir des *serkers* et des *youz-bachis*. D'après l'usage et l'esprit de la loi, le *raïs* est le gardien de la morale publique et doit veiller à l'observation rigoureuse des cérémonies extérieures du culte musulman.

Armé du fouet de cuir, symbole de ses fonctions, le *raïs* est libre de parcourir le village et a le droit d'entrer dans chaque maison à toute heure du jour et de la nuit. Les hommes, les femmes et les enfants, tous sont soumis à son autorité. Il veille à ce qu'il n'y ait point de querelles dans les familles, à ce que les prières ordonnées soient récitées, même par les enfants, et à ce que ceux-ci soient envoyés à l'école. En outre il vérifie les poids et mesures dans les boutiques, s'assure de la bonne qualité des marchandises mises en vente dans les bazars, et veille à ce que les femmes ne se montrent pas sans voile dans les rues. Enfin il tient la main à ce que pour huit ou neuf heures du soir, tout le monde soit rentré à la maison. A la première faute, et même au moindre soupçon, les coups de fouet pleuvent dru sur le dos, les épaules et la tête du coupable. De plus, pour certains délits, on doit recevoir un nombre de coups déterminé. Ainsi, par exemple, le tisserand qui fraude sur la longueur des pièces d'étoffe reçoit trente-neuf coups.

Le *raïs* parcourt les rues lentement, en compagnie d'agents de police, et son apparition est le signal d'une panique générale. Les hommes, habituellement, s'arrêtent et attendent, la tête basse, que le sévère surveillant de l'ordre public ait passé devant eux. Les femmes et les enfants prennent la fuite. Tout individu rencontré, pour peu qu'il ne soit pas un des notables de la ville, peut compter recevoir quelques coups de fouet en guise d'à-compte, quand même il ne serait nullement en faute.

Le service religieux proprement dit, dans les mosquées, est confié à des *mollahs*, nommés également par Yakoub-Bek, qui les choisit entre les élèves sortis des *medressés* ou grands séminaires musulmans. A défaut de sujets en nombre suffisant, les *mollahs* sont simplement pris parmi les habitants de l'endroit les plus religieux et les plus estimés de leurs concitoyens. Les écoles établies près des mosquées sont de deux sortes : les unes élémentaires dites *maktab*, et les autres supérieures ou *médressé*. Les professeurs des premières sont dits : *khalfas*, ceux des secondes : *moudarissas*.

Au centre de chaque province résident encore : le *azioskar*, ou chef de la justice militaire ; le *kazi-kozian*, de qui relèvent tous les *kazis* de la province, et le *kazi-raïs*, exerçant de même la juridiction sur tous les *raïs*. Ces trois hauts personnages sont nommés directement par Yakoub-Bek et sont indépendants des *khakims*.

Nul des fonctionnaires énumérés ci-dessus, y compris les *khakims*, ne touche de traitement de l'État. Les *khakims* se payent eux-mêmes sur les revenus dont ils ont la perception, et assez grassement, si l'on en juge par les présents qu'ils trouvent moyen de faire au souverain.

Les *serkers*, auxquels est affermé l'impôt *khéradj*, ne reçoivent rien pour cela. Mais après l'avoir perçu suivant l'abondance de la récolte, ils ont droit au *kiafsen*, c'est-à-dire à une portion (non déterminée) de grain, comme payement de leurs services et de leurs employés.

Les *youz-bachis*, choisis parmi les habitants de la localité, reçoivent habituellement dans les environs une certaine étendue de terrain dont ils ont la jouissance et que les habitants cultivent gratis à leur bénéfice.

Les *kazis* et les *mouftis* ont droit, pour chaque affaire qu'ils jugent, à une somme payée par les plaideurs ou les coupables. Le montant en est très-variable ; il n'est parfois que de 20 kopecks (0 fr. 80), mais peut s'élever aussi jusqu'à un chiffre très-respectable. Les agents de police employés par le *kazi* sont payés de la même façon.

Les *raïs* se contentent des dons volontaires qu'on leur fait, et qui sont souvent très-considérables, à cause de la crainte qu'ils inspirent. En outre, comme ils assistent à toutes les funérailles, ils ont droit à la meilleure robe du défunt, celle dont le corps est habituellement revêtu pour la cérémonie.

Les *mollahs* sont aussi payés par les habitants, également sous forme de dons volontaires, de frais d'études pour l'instruction des enfants dans les écoles, lorsque celles-ci sont sous la direction des mollahs, et enfin d'honoraires réglementés pour les mariages, les divorces, les enterrements, etc.

Enfin le traitement des instituteurs dépend du nombre de leurs élèves et de la fortune des parents. Il est, pour l'ordinaire, assez mince et se paye partie en nature et partie en argent.

Bien que les fonctionnaires soient ainsi sans appointements fixes, ils n'en vivent pas moins, comparativement au reste de la population, dans une véritable opulence.

Quant au souverain lui-même, il mériterait, par la modestie de ses goûts et habitudes, d'être proposé comme modèle non-seulement à tous les princes de l'Asie, mais à quelques-uns même de ses subordonnés. Sa demeure est d'une simplicité qui frise l'indigence. Il s'habille et se nourrit absolument comme tous ses sujets. Le seul luxe qu'il se permette est l'entretien d'un vaste harem qui contient jusqu'à 300 femmes. Son harem de campagne n'en compte que six. Sa cour est peu nombreuse et ne rappelle guère celles de l'émir de Boukhara ou de l'ancien khan de Kokand.

Toutes les affaires et toute la correspondance relative au gouvernement du pays sont expédiées par Yakoub-Bek, au moyen de son bureau, composé de 4 *mirzas* qui lui servent en même temps de secrétaires et de scribes. L'un d'eux, Makhsoun, qui vint en 1872 comme ambassadeur à Tachkent, jouit d'une influence très-considérable.

Autant que possible, tous les ordres sont donnés oralement. Chaque matin, au point du jour, Yakoub-Bek s'assied à sa place habituelle, devant sa porte, sur un petit tapis.

Toute la correspondance reçue la veille lui est lue jusqu'à la dernière ligne. Après la lecture de chaque pièce, il dicte sa décision, que le *mirza* transcrit immédiatement sur la feuille elle-même. Le même jour des courriers à cheval portent les papiers à destination, avec une vitesse de 140 à 200 verstes en vingt-quatre heures, grâce à l'établissement, toutes les 40 ou 50 verstes, de relais où ils peuvent changer de chevaux.

La sévérité et la promptitude des résolutions de Yakoub-Bek ont rendu son nom redoutable à des centaines de verstes à la ronde.

Le chiffre des impôts payés par les divers districts et provinces ne nous est connu avec une certaine exactitude que dans les parties du pays où nous avons pénétré nous-même, (de Kachgar à Karachar, en passant par Aksou, Baï, Koutcha et Kourla); quant à ceux payés dans les provinces de Yarkend et de Khotan, nous n'avons pu avoir sur eux aucun renseignement, même approximatif.

Néanmoins il est d'un tel intérêt de savoir ce que l'on peut exiger et obtenir de ces populations, que je crois devoir indiquer ici toutes les données qu'il m'a été possible de recueillir sur cette question, si incomplètes qu'elles soient.

Commençons par la province de Kachgar : Aldach-Datkha, qui en est le khakim, verse au trésor pour la ville et les villages énumérés plus haut qui en dépendent, un impôt *khéradj* de 900.000 tchariks (1) de grains de différentes sortes, surtout maïs et froment.

Sur ce chiffre, les villages situés sur la grande route de Maral-Bachi fornissent : Chaptali, 22.000 tchariks pour 600 maisons ; Faïzabad, 60.000 tchariks pour 4.000 à

____

(1) D'après les mesures que j'ai prises à Aksou, un tcharik pèse : en froment, 24 livres (9 k. 840) et en orge 25 (10 k. 250).

5.000 maisons; Yangobad, 400 tchariks pour 70 à 100 maisons.

Le chiffre total de l'impôt *tanap* m'est inconnu; mais voici ce que fournissent quelques villages où la culture maraîchère est le plus développée : Bichkaram, 100.000 tengas (1); Abat, 32.000; Togouzak, 64.000; Kourgan, 16.000; Kyzyl-Bou (impôts *tanap* et *ziaket* réunis), 90.000 tengas; Naoutchouk, 25.000; Davlet-Bagh, 18.000. Je n'ai pu savoir ce que produit en ces divers points l'impôt *ziaket*.

Les districts indépendants de la province de Kachgar produisent :

Khanaryk : impôt *khéradj*, 220.000 tchariks ; *ziaket* et *tanap*, 118.000 tengas. Les impôts perçus à Khanaryk ont été abandonnés par Yakoub-bek à son fils aîné Bik-Kouly-Bek, et ne rentrent pas au trésor.

Togsoun : impôt *khéradj*, 90.000 tchariks ; *ziaket* et *tanap*, 88.000 tengas. Ce district est composé de douze à quinze petits villages dont l'ensemble est désigné sous le nom de Togsoun. Les habitants sont principalement laboureurs et cultivent surtout le maïs. On y compte environ 10.000 maisons. Lors du premier recensement fait par les Chinois en 1760, il ne s'y en trouvait que 700.

Tach-Malyk, dans les montagnes : impôt *khéradj*, 64.000 tchariks ; *ziaket*, 40.000 tengas. Ce district renferme la région montagneuse voisine du lac de Sary-Koul. Les habitants sont pour la plupart Kirghises, et les 60.000 tengas d'impôt *ziaket*, proviennent de leur bétail. Ils s'occupent aussi un peu d'agriculture et de la fabrication du charbon. Le chiffre de la population est inconnu. Abdourrhaman-Mourza-Bardar, khakim de ce district, est un Kara-Kirghise de Marghelan, de la famille Naïman.

____

(1) En ne tenant pas compte de l'agio sur l'argent, un tenga kachgarien peut être évalué à 10 kopeks (0 fr. 40).

Argou, dans les montagnes également, produisait, il y a trois ans, 48.000 tchariks d'impôt *khéradj*. Les habitants fabriquent des étoffes grossières, du savon, et cultivent des jardins. Ils font le commerce avec les Kirghises. D'après le recensement fait par les Chinois, la population occupe 300 maisons.

Oupal : impôt *khéradj*, 80.000 tchariks ; les produits du *tanap* et du *ziaket* sont inconnus. La population est surtout agricole. Le khakim a le droit d'employer les revenus du district à l'entretien des garnisons du territoire montagneux qui sépare le Fergan de la Kachgarie.

District de Maral-Bachi : 40.000 tchariks d'impôt *khéradj*, 3.000 maisons. La population est composée de *Doulanes* provenant d'une tribu mongole qui vint se fixer en Kachgarie il y a cent cinquante ans, à l'époque de la domination djoungare. Les Doulanes s'étaient établis le long des rives du Kachgar-Daria, du Yarkend-Daria, du Khotan-Daria, et aux environs du lac Lob-Noor.

C'est encore sur les bords de ces rivières que se voient aujourd'hui leurs misérables petits villages. Ils se divisent en trois familles : 1° les *Tchach-Chirin* disséminés sur la route de Tchadyr-Koul à Aksou et au kichlak de Psiak-Syndy, situé au sud de la grande route qui longe le cours du Kachgar-Daria. Ils se donnent quelquefois le nom de Mogols. 2° Les *Batchouks*, habitant le long de la route de Maral-Bachi à Yarkend, et 3° les *Bougours*, qui n'occupent qu'un village, celui de *Tchadyr-Koul*.

Le district de Kalpine : impôt *khéradj*, 14.000 tchariks ; impôt *tanap*, 20.000 tengas ; impôt *ziaket*, 25.000 pour 3.000 maisons. Le kichlak de Kalpine s'étend sur une ligne longue de quelques verstes·qui suit la route nord allant de Kachgar à Outch-Tourfan, surtout près de cette dernière ville.

Province d'Aksou : impôt *khéradj*, 1.500.000 à 2.000.000 de tchariks ; impôt *tanap*, 100.000 tengas ; impôt *ziaket* sur le bétail, 60.000. La population occupe 30.000 maisons.

Province de Baï : impôt *khéradj*, 80.000 tchariks ; impôt *tanap*, de 26.000 à 30.000 tengas ; *ziaket*, de 45.000 à 50.000. La population de la ville de Baï occupe 390 maisons. Le kichlak de Saïram et les villages environnants en contiennent 800.

Province de Koutcha : impôt *khéradj*, 250.000 tchariks ; impôt *tanap*, 70.000 *tengas* ; impôt *ziaket*, 150.000. Dans ce total sont compris les impôts payés par la ville de Cha-Yar.

Province de Kourla : impôt *khéradj*, 200.000 tchariks ; impôt *tanap*, 120.000 *tengas* ; *ziaket*, 150.000. La population occupe 2.000 maisons.

Le kichlak de Yanghi-Hissar, avec les villages qui s'y rattachent, fournit 42.000 tchariks d'impôt *khéradj*, 18.000 à 21.000 tengas d'impôt *tanap*, et 60.000 d'impôt *ziaket*. La population est très-riche en bétail, grâce à l'existence de pâturages excellents. On y compte 2.000 maisons.

Kichlak de Tchartchi : impôt *khéradj*, 1,500 tchariks ; *tanap*, 600 tengas ; **22** maisons.

Kichlak de Dourban : impôt *khéradj*, 12.000 tchariks ; *tanap*, 6.000 tengas ; 300 maisons.

Ville de Kourla, avec les villages qui s'y rattachent : impôt *khéradj*, 85.000 *tchariks* ; impôt *tanap*, 65.000 *tengas* ; *ziaket*, de 45.000 à 48.000.

Les chiffres que nous venons de donner pour les différents impôts n'expriment ni ce que la population est vraiment susceptible de payer, ni la quantité d'argent ou de grain qu'elle paye **en réalité**.

Les abus commis par les fonctionnaires chargés de la perception constituent l'état normal non-seulement en Kachgarie, mais dans tous les autres pays indépendants de l'Asie.

Le peuple y est habitué et les supporte avec patience, tant qu'il peut payer tout ce qu'on lui réclame. Les fonctionnaires, de leur côté, ayant affermé un territoire, se croient en droit d'en retirer le plus gros revenu possible. Tous agissent donc de même, à commencer par les beks, et à finir par les derniers valets des serkers et des youz-bachis.

Le résultat d'un pareil système, c'est que les impôts écrasent de tout leur poids la masse de la population pauvre. Les gens riches réussissent généralement, d'une façon ou de l'autre, habituellement par la corruption, à s'arranger avec les percepteurs, et souvent ils payent beaucoup moins à l'État que les pauvres hères qui sont pressurés sans merci.

Quant aux nombreux parents et alliés des agents du fisc, il est inutile d'en parler. Ils ne payent rien, ou tout au moins pour eux les taxes sont énormément réduites. Ainsi l'impôt *khéradj*, au lieu d'être pour tous du 1/10, s'abaisse pour les riches à 1/50, et s'élève pour les pauvres au 1/5, par fois même aux trois quarts de leur récolte. Il en est de même des autres impôts.

Les contributions indirectes et accessoires ne pèsent pas moins sur le peuple que les taxes directes. L'arbitraire peut même encore ici se donner plus largement carrière. Ainsi, par exemple, pour les impôts représentant le bénéfice légal des percepteurs (*kiafsen, saman-poul*, etc.), tout dépend de l'avidité des agents, car aucune loi ne fixe le taux des honoraires qui leur sont ainsi attribués. Du reste une réglementation existât-elle à cet égard que l'on n'en tiendrait aucun compte.

Quand il s'agit de requérir des moyens de transport pour les troupes, ceux qui possèdent quelques chevaux s'entendent avec le percepteur, et tout retombe sur les pauvres gens.

Lorsque des ambassadeurs traversent le pays, tous les villages qui se trouvent sur leur passage sont obligés de leur fournir gratuitement le combustible, le fourrage, le bétail et les vivres de toute espèce : galettes, œufs, confitures, thé, sucre, etc. Toutes ces provisions sont exigées en quantités doubles ou triples de ce qui est nécessaire, et le surplus est souvent revendu aux contribuables par les fonctionnaires chargés de pourvoir aux besoins des ambassadeurs.

Chaque nouvel accroissement des impôts édicté par Yakoub-Bek n'est nullement motivé par une augmentation des ressources des habitants de la Kachgarie, mais bien par des motifs accidentels, et principalement par le développement, toujours plus considérable, des dépenses militaires : armement, etc.

Quand les beks reçoivent l'ordre de lever dans leur province un impôt supplémentaire, en grain ou, plus souvent, en argent, ils se gardent bien, d'habitude, de rester au-dessous de ce qu'on leur demande ; ils augmentent au contraire notablement la quantité de grain ou la somme d'argent requise, et mettent la différence dans leur poche. Les fonctionnaires sous leurs ordres opèrent de la même façon, et personne n'y perd que les malheureux contribuables, auxquels on fait souvent payer le double de ce qui revient au gouvernement.

Essayons maintenant de tirer une conclusion de tout ceci ; d'examiner quelle est la solidité de l'état de choses établi actuellement en Kachgarie, et jusqu'à quel point Yakoub-Bek a réussi à se concilier les sympathies de la population pendant les treize dernières années.

Nous avons vu plus haut ce dont avait, avant tout, besoin le pays. Nous avons fait connaître l'histoire de cette contrée depuis une époque de beaucoup antérieure à l'ère chrétienne. Plusieurs nations y ont successivement dominé. Les Chinois y ont remplacé les Mongols, qui, plus tard, en ont de nouveau chassé les Chinois. Puis sont venus les Arabes, encore les Mongols, auxquels ont succédé les Djoungares, dont les Chinois ont une deuxième fois repris la place.

Dans les intervalles de ces invasions successives, des guerres intestines déchirent le pays en permanence. Les diverses provinces de Kachgar, Yarkend, Khotan, Aksou, etc., tantôt cherchent à vivre indépendantes les unes des autres, tantôt s'efforcent de se soumettre réciproquement.

Au XVI* siècle, la lutte pour la suprématie politique fait place à une guerre religieuse qui s'élève entre les *montagnards blancs* et les *montagnards noirs*. Cette guerre partage la Kachgarie en deux camps ennemis, et, grâce à cette séparation, elle devient une proie facile d'abord pour les Djoungares, ensuite pour les Chinois. Sous la domination de ceux-ci, qui dure de 1760 à 1825, le pays goûte au moins quelque repos qu'aucune sédition ne vient interrompre. La population, épuisée, commence à se refaire.

Mais bientôt les fautes des Chinois, leur faiblesse et leur impuissance à se concilier sinon la sympathie, au moins l'estime des peuples soumis, dont ils ne savent pas non plus se faire craindre, amènent l'insurrection de 1825, à la suite de laquelle s'ouvre de nouveau, dans l'histoire de la Kachgarie, une période sanglante qui n'est pas encore terminée aujourd'hui. Il suffit d'un simple coup d'œil sur le tableau qui suit, pour reconnaître combien de troubles ont désolé cette contrée pendant les cinquante dernières années. Et nous avons vu par les chapitres précédents que de sang a coulé pendant ces guerres civiles et autres.

En 1825, c'est l'insurrection de Djenghir-Touria. En 1830, l'invasion des troupes du Kokand et la révolte du khodja Med-Yousouf ; en 1847, celle des sept khodjas (Katta-Touria) ; en 1857, l'insurrection de Valikhan-Touria. En 1862-63 la

Kachgarie s'insurge contre les Chinois, de concert avec les Dounganes (Racheddin-Khodja, Abdoula-Khodja et Khabiboula-Khodja). De 1864 à 1868 elle est conquise par Yakoub-Bek.

En 1869 vient la campagne de celui-ci contre le district révolté de Sarykoul, dans les montagnes.

En 1872, c'est l'insurrection des Dounganes contre Yakoub, qui la fait étouffer par son fils Bik-Kouly-bek.

En 1876-77 enfin, a commencé la lutte de Yakoub-Bek contre les Chinois.

Après chaque insurrection la situation du pays n'a fait qu'empirer. Toutes ont eu pour mobiles la satisfaction d'intérêts individuels; elles n'ont réussi que par suite de l'impéritie des généraux chinois, du petit nombre et de la mauvaise qualité de leurs troupes. Et après l'apaisement de chacune d'elles, les principaux fauteurs sont généralement parvenus à s'enfuir à temps avec ce qu'ils avaient volé, tandis que le peuple a payé de sa vie et de ses biens les machinations de ces meneurs.

On comprend donc que la principale chose dont la population kachgare éprouve le besoin par-dessus tout, c'est *la paix*, qui lui est indispensable pour tirer parti des ressources qui lui restent encore.

Or le simple relevé chronologique des événements survenus pendant les 14 dernières années, nous fait voir que Yakoub-Bek n'a pas donné satisfaction à ce besoin du pays conquis, et qu'il en doit résulter déjà contre lui un certain mécontentement de ses sujets.

Ce mécontentement tient du reste encore à d'autres causes. D'abord Yakoub est un usurpateur; s'il est aujourd'hui souverain de la Kachgarie, ce n'est pas que les vœux de la nation l'aient jamais appelé au trône. Il s'est emparé de l'autorité suprême en s'appuyant sur la force armée et en profitant de la faiblesse de Bouzourouk.

Nous avons vu qu'il n'a reculé devant aucun moyen pour arriver au pouvoir. Il prend de vive force Yanghi-Hissar, Yarkend et Khotan Dans cette dernière ville il fait massacrer les habitants par milliers, met perfidement à mort les khakims de Khotan et de Koutcha, Khabiboulla et Racheddin; fait anéantir les Kiptchaks qui s'étaient révoltés, bien qu'il eût solennellement juré sur le Koran, de leur laisser quitter librement la Kachgarie; il empoisonne Katta-Touria, qu'il ne trouve pas disposé à se soumettre d'une façon assez complète, etc.

Il y a donc bien des ombres au brillant tableau des conquêtes de Yakoub. La population de l'empire qu'il a fondé, lui pardonnerait pourtant si, depuis qu'il est devenu le maître absolu du pays, il avait su enfin lui donner la paix après laquelle tous aspirent depuis si longtemps; s'il avait, en mettant de l'ordre dans le gouvernement, assuré le repos à la population et garanti aux habitants la sécurité pour leurs biens et leur travail.

Mais il ne pouvait malheureusement pas leur donner même cela.

Outre que son autorité est déjà fort mal assurée dans cet empire qu'il a conquis au prix de tant de sang, il a plus à craindre encore des ennemis du dehors que de ceux du dedans. Aussi s'est-il avant tout proposé pour but d'acquérir cette sécurité intérieure et extérieure qui lui manque. Le meilleur moyen, à ses yeux, d'arriver à la première, c'est d'entretenir de fortes garnisons dans toutes les villes. Et pour garantir ses frontières, il croit ne pouvoir mieux faire que d'étendre indéfiniment ses possessions, aux dépens des territoires voisins de la Kachgarie. Il a pénétré profondément dans les montagnes qui entourent le pays au nord, à l'ouest et au sud; il établit des postes et des forts sur toutes les routes qui pénètrent dans l'intérieur à travers cette barrière naturelle. A l'est, où la Kachgarie, menacée d'abord par l'invasion des Doungancs, l'est aujourd'hui par les Chinois, il a, par la conquête des villes dounganes de Kounia-Tourfan, Ouroum-tchi, Manass, etc., reculé fort loin les limites du territoire.

Préoccupé constamment de ses guerres et de maintenir les populations soumises dans l'obéissance, de protéger ses frontières contre les attaques du dehors, et d'organiser ses troupes, Yakoub-Bek n'a pu donner beaucoup de temps au rétablissement de l'ordre intérieur ; et il s'est trouvé ainsi conduit à adopter, pour la Kachgarie le système de gouvernement le plus commode pour lui et en même temps le plus pénible pour le peuple.

Toutes les provinces ont été affermées à leurs khakims, lesquels, en mauvais fermiers, se sont mis à prendre au peuple plus qu'il ne pouvait donner, et lui ont ainsi ôté par avance toute possibilité de jamais améliorer sa situation. Les petits fonctionnaires, serkers, youz-bachis, etc., ont procédé exactement comme leurs chefs. Chacun n'a pensé qu'à s'enrichir, et comprenant la fragilité de leur position, tous s'efforcent d'en tirer parti le plus vite possible.

Examinons maintenant les causes du mécontentement de la population en Kachgarie, dans chacune des principales classes sociales.

La classe des *agriculteurs*, la plus nombreuse et la plus importante, ne peut être satisfaite de l'ordre de choses actuel, puisqu'il lui faut payer au fisc, sur sa récolte péniblement acquise, non pas un dixième comme le prescrit la loi musulmane, mais la moitié, quelquefois même les trois quarts.

L'ordre donné récemment aux khakims par Yakoub, de lui transmettre une grande partie de l'impôt *khéradj* en argent et non en nature, a encore aggravé la situation des agriculteurs. Les khakims, n'oubliant pas leurs profits, ont fixé pour le grain des prix très-élevés, bien plus hauts que ceux des marchés, et ceux-ci, du même coup, sont rapidement tombés, par suite des offres anomales qui se sont produites.

Puis les enrôlements forcés de recrues pour l'armée constituent, principalement pour la classe agricole, une charge des plus lourdes.

La classe des *commerçants* a également quelques raisons très-sérieuses d'être mécontente de Yakoub-Bek. Le commerce ne jouit pas en Kachgarie de la liberté nécessaire. C'est Yakoub qui fixe le moment où il est permis d'envoyer des caravanes à l'étranger, et la chose n'est autorisée que tous les quatre mois, quelquefois même plus rarement.

Maintenant surtout, on empêche le plus possible l'expédition de caravanes en territoire russe, parce qu'elles offrent le moyen à une foule de jeunes gens de sortir du pays comme conducteurs des chameaux, et de n'y plus rentrer. De plus on exige des commerçants des contributions au-dessus de leurs forces; une partie de leurs marchandises est achetée par l'État, qui ne les paye que fort irrégulièrement, quand il les paye. En outre, par suite de l'appauvrissement des agriculteurs, ses principaux clients, la classe commerciale, en Kachgarie, se trouve dans l'impossibilité d'arriver jamais à une situation prospère.

N'étant nullement assurés de jouir en paix de ce qu'ils possèdent, beaucoup de ceux qui se trouvent avoir encore conservé quelques débris de leur fortune, se voient contraints de les cacher.

Enfin le *clergé* lui-même n'a pas lieu d'être satisfait de Yakoub-Bek. Malgré la piété extérieure de celui-ci, qui depuis treize ans n'a pas manqué une prière, comme s'en vantent ses familiers, on peut dire que dans toutes ses relations avec les membres du corps religieux, il se montre extrêmement entier.

Les *terres Vakouf* (biens du clergé), qui jadis ne payaient pas d'impôts, ont été soumises par Yakoub au *khéradj* et au *tanap* comme toutes les autres. D'autre part le clergé ne peut retirer que fort peu de chose des dons volontaires du peuple, accablé lui-même de charges insupportables.

Yakoub-Bek ne peut donc pas compter sur les sympathies de la population. Il le comprend très-bien lui-même. Aussi s'est-il efforcé, dès les premiers jours de son arrivée en Kachgarie, de se constituer un parti intéressé à le soutenir. Ce sont des émigrés du Kokand et de Tachkent, auxquels se sont réunis ceux des Kachgariens qui ont pu réussir à ga·gner la faveur du maître. C'est aux membres de ce parti qu'ont été distribuées toutes les places les plus importantes. Mais sentant bien que c'est là pour lui un appui insuffisant, Yakoub s'en est assuré un autre beaucoup plus solide : son armée.

Il a donné aux troupes une situation privilégiée et en a constitué comme une sorte d'aristocratie militaire, dont il paye grassement les services. C'est aux anciens soldats que sont données de préférence toutes les places civiles dans l'administration, etc. Aussi Yakoub a-t-il pu tout d'abord compter sur la sympathie et le concours de l'armée. Pourtant les préférences trop évidentes qu'il témoigne aux émigrés de Tachkent, de Pskent, du Kokand, aux Afghans, aux Hindous et autres étrangers, au détriment des nationaux ; puis le mode de recrutement forcé qu'il a mis en vigueur, et enfin les premiers échecs que lui ont fait subir les Chinois, ont eu pour résultat la formation, au sein même de l'armée, d'un nombreux parti de mécontents.

La meilleure preuve en est dans la désertion, qui, depuis ces derniers temps, a pris des proportions considérables.

Différents personnages occupant de hautes fonctions ad-ministratives, et sur la fidélité desquels Yakoub avait toujours pu compter, commencent peu à peu à le trahir. Ils ont cessé de croire à son étoile et ne pensent plus qu'à se retirer à temps chez eux avec ce qu'ils ont acquis à son service.

Tout porte à croire que s'il obtenait quelques succès dans sa lutte avec les Chinois, Yakoub-Bek parviendrait seulement à retarder sa chute, tandis qu'en cas de revers, il peut en très-peu de temps perdre toutes ses conquêtes.

Tel est le résultat auquel l'a conduit l'activité fébrile dont il fait preuve depuis treize années en Kachgarie. Et pourtant il est incontestable que cet homme possède de nombreuses et très-éminentes qualités, qui le mettent fort au-dessus de tous les autres souverains de l'Asie. Ses talents militaires, ses facultés organisatrices, sa bravoure personnelle, la simplicité de sa vie, sa force de volonté et son énergie de fer pour arriver aux buts qu'il s'est proposé d'atteindre, sembleraient devoir garantir que sous le gouvernement d'un homme aussi richement doué par la nature, le pays va se reposer et se remettre des misères qu'il a éprouvées. Mais la situation de tous les monarques de l'Asie centrale est telle que, malgré les plus heureuses et les plus brillantes qualités individuelles, ils ont contre eux tout un ensemble de conditions politiques, religieuses, économiques et morales, qui rendent leur autorité précaire, leurs efforts vains, et leurs empires fort peu durables.

V

L'armée kachgare. — Organisation, recrutement, habillement, entretien, armement, instruction et opérations militaires des troupes kachgares. — Leur effectif et leur dislocation au 1ᵉʳ février 1877. — Conclusion.

Les premières tentatives de constitution d'une armée permanente en Kachgarie, remontent à une vingtaine d'années, alors que le pays se trouvait sous la domination du khodja Valikhan-Touria. Avec quelques centaines de Kara-Kirghises et d'émigrés du khanat de Kokand, ce prince s'était emparé, au mois d'avril 1857, de la ville de Kachgar et avait exterminé tous les Chinois qui s'y trouvaient. Il se proclama khan du pays et fut accepté comme tel aussi bien par les habitants de la ville que par ceux des villages environnants.

La rapidité de ses succès attira sous ses drapeaux une foule de nouveaux partisans, Kara-Kirghises ou gens du Kokand, de Yarkend, Khotan et Aksou. Les Chinois, suivant leur usage, s'étaient enfermés dans la citadelle (*goulbakh*) pour y attendre des renforts. Valikhan-Touria s'occupa sans retard d'organiser les forces dont il disposait.

Tous les volontaires, en état de porter les armes, qui se présentèrent à lui, furent enrôlés et répartis en *étendards* de cinq cents hommes chacun, sous le commandement d'un *pansat*. Les troupes se divisaient en infanterie (*sarbasses*) et cavalerie (*djighites*). Elles étaient assez uniformément vêtues, exercées quelque peu à se mouvoir en ordre et à exécuter certains commandements.

L'armement était très-varié. Les mieux armés de la cavalerie et de l'infanterie avaient des fusils à mèche; on y trouvait aussi un fort petit nombre d'armes à silex, mais la grande majorité des soldats n'avaient que des lances, ou de courts javelots pour l'infanterie; des cimeterres de diverses formes complétaient leur accoutrement.

Bientôt Valikhan n'eut plus assez de volontaires, et la population de Kachgar et des villages voisins fut obligée de lui fournir comme recrues, tous les jeunes gens propres au service. Cette mesure augmenta considérablement l'effectif des soldats; mais elle fit aussi de nombreux mécontents et, de plus, elle diminua notablement la solidité, déjà très-faible, des troupes.

Outre les recrues, la population fut obligée de fournir gra·
tis aux troupes des chevaux, du bétail, des vivres, du fourrage et du combustible. Tous les ouvriers utilisables furent
employés à fabriquer des armes, à confectionner des vêtements et des équipements. Dans la ville de Kachgar fut organisée, sous la direction d'un certain Afghan, une fonderie
de canons qui produisit en peu de temps huit bouches à feu.
Seulement on manquait de cuivre, et Valikhan se vit contraint de prendre de force, pour son usine, tous les ustensiles
de ce métal que possédaient les habitants et même les marchands étrangers. Des huit pièces ainsi obtenues on forma
une batterie, qui d'ailleurs ne fut jamais que très-médiocre.

En quatre mois d'efforts continuels Valikhan s'était constitué une armée assez nombreuse, avec laquelle il se propo-
sait d'entamer la lutte contre les Chinois qui, d'Aksou de
Koutcha et de Kouldja, marchaient déjà sur Kachgar. La
première affaire démontra l'insuffisance des troupes du
khodja. Presque sans résistance elles tournèrent le dos et se
débandèrent en grande partie. Valikhan fut obligé de fuir
avec elles et, avec quelques partisans qui lui étaient restés
fidèles, parvint à atteindre la ville de Kokand. Les habitants
de Kachgar ouvrirent sans combat leurs portes aux Chinois.

Pendant les troubles, connus sous le nom général d'insurrection doungane, qui éclatèrent en Kachgarie à partir
de 1860, la lutte contre les étrangers fut soutenue tant par
les habitants du pays que par les troupes dounganes, bien
que celles-ci constituassent précisément une notable portion
des forces qui servaient aux Chinois à maintenir leur domination en Kachgarie.

Dans tout ceci les habitants combattirent, la plupart du
temps, sans aucune organisation régulière. En de rares circonstances seulement, lorsque, par exemple, il s'agissait pour
une ville de porter secours à une autre, on vit se former

quelques milices mal armées et sans discipline, dépourvues de toute espèce de consistance.

En 1863 l'insurrection contre les Chinois embrasse la Kachgarie tout entière. La population, réunie aux Dounganes, oblige les troupes chinoises à se renfermer dans leurs *goulbakhs*. C'est l'année suivante qu'arrive Yakoub-Bek comme *lachkar-bachi* (général en chef) d'une armée de 5.000 *djighites* et aventuriers, conduite par Bouzourouk-Khan au secours de Kachgar. Il écarte bientôt son maître et en dix ans, comme nous l'avons raconté plus haut, soumet le pays tout entier à son autorité souveraine.

Mais les moyens qu'il avait employés pour arriver là, lui avaient fait beaucoup d'ennemis parmi les populations soumises. Il le savait du reste parfaitement, et, convaincu qu'il ne pouvait compter sur les sympathies de ses sujets, il résolut tout d'abord de s'appuyer sur l'armée, d'en faire un corps privilégié et la classe dominante du pays.

L'organisation primitive donnée par Yakoub-Bek à ses troupes, et qui s'est conservée, dans son ensemble, jusqu'à l'époque actuelle, ne différait en rien de celle en vigueur depuis longtemps dans toutes les contrées indépendantes de l'Asie centrale.

Les troupes se divisaient en *sarbasses* (infanterie), *djighites* (cavalerie) et *toptchis* (artillerie). L'unité tactique et administrative était la *sotnia*, placée sous le commandement d'un *youz-bachi*. Elle avait un effectif de 40 à 60 hommes et se fractionnait en deux *demi-sotnias*, commandées par des *piandj-bachis*. Puis ces *demi-sotnias* se partageaient à leur tour en *dizaines*, obéissant à des *da-bachis* (dizainiers).

Le pays fournissait à Yakoub des vivres et les matières premières nécessaires pour l'habillement, sauf le drap, qu'il importait de la Russie et de l'Inde. Il y trouvait aussi de la poudre, du plomb et des armes blanches. Mais ce dont il avait le plus besoin, c'était de fusils et de canons. Les premiers, généralement à mèche, il se les procurait, partie dans les khanats indépendants, partie en les faisant fabriquer dans les ateliers locaux. Jusqu'en 1868 il ne possédait, outre ces fusils et quelques armes à silex, qu'un nombre à peu près insignifiant de fusils de chasse à percussion, à un ou deux coups. Son artillerie était encore plus mal outillée.

Ce fut seulement en nouant des relations avec les Anglais et les Turcs que Yakoub découvrit le moyen de pourvoir ses troupes de bonnes armes rayées, non-seulement à percussion mais à chargement rapide. La mission de Show et les deux ambassades de Forsyth lui firent connaître l'armement perfectionné des Européens. Parmi les présents qui lui furent offerts par les envoyés se trouvaient quelques centaines de fusils Snider, à chargement par la culasse, des fusils Enfield rayés, à *percussion*, des revolvers et même des échantillons de fusils à magasin. Puis M. Forsyth ayant invité Yakoub à envoyer des ambassadeurs au vice-roi de l'Inde, et lui ayant également ouvert un passage à travers ce pays pour ceux qu'il adressait à Constantinople, il se trouva avoir frayé la voie par laquelle aujourd'hui encore ont lieu de fréquents arrivages d'armes en Kachgarie.

Le désir qu'ont les Anglais de comprendre ce pays dans la zone neutre qu'ils voudraient organiser entre leurs possessions de l'Inde et le Turkestan russe les oblige à recourir, en Kachgarie, aux mêmes mesures que depuis longtemps ils pratiquent dans l'Afghanistan. Ces mesures ont pour but de rendre la zone neutre en question aussi impénétrable que possible aux Russes, dans le cas où ceux-ci se trouveraient disposés à reculer plus au sud leurs frontières d'Asie. Elles consistent à fournir des armes et des instructeurs aux souverains indépendants de l'Afghanistan, et à conclure avec eux des alliances défensives.

Pour arriver à la domination politique, l'Angleterre réclame très-habilement le droit d'entretenir, sous le nom de résidents ou commissaires, des agents près de toutes les cours indépendantes. Pour assurer sa domination commerciale, elle dispose des puissantes ressources de ses manufactures.

Yakoub-Bek a su mettre à profit l'intérêt que les Anglais portent à ses affaires, et dans ces dernières années, il a beaucoup amélioré l'organisation de ses troupes, leur armement et leur instruction militaire.

En 1872, notre premier ambassadeur en Kachgarie, le colonel baron Kaulbars, a eu l'occasion d'assister aux manœuvres des troupes de Yakoub, et voici ce qu'il en dit dans ses lettres au gouverneur général du Turkestan.

On lui montra d'abord les exercices de l'infanterie doungane et chinoise, au nombre de 3.000 hommes. Le règlement de manœuvres est celui des Chinois, d'un caractère essentiellement défensif. Le principal mode d'action de cette infanterie consiste dans le feu perpétuel et assourdissant du *taïfour* (1).

Ensuite on lui fit voir des *sarbasses*, qui tiraient fort bien à la cible. Ils avaient un canon de cuivre qui tira quelques coups heureux à une distance d'au moins 1.000 pas.

Enfin, pour terminer, on lui donna le spectacle d'une batterie montée de 6 pièces, qui manœuvra assez habilement aux sonneries et commandements anglais. Entre autres formations elle exécuta plusieurs fois une marche en retraite assez originale, en faisant feu sans s'arrêter et sans ôter les avant-trains.

La batterie avait un soutien permanent composé de 50 à 60 cavaliers et d'autant de fantassins ; ces derniers armés de carabines anglaises à baïonnette. Le commandant de la bat-

(1) Sorte de gros fusil de rempart. Il en sera reparlé plus loin.

terie était un Afghan ; il était accompagné d'un officier hindou, de 3 trompettes afghans, et avait comme conseiller ou instructeur, un Tatar émigré des possessions russes.

Après ces manœuvres, le baron Kaulbars put visiter les casernes des troupes kachgares. A son avis, celles de l'artillerie avaient quelque peu le cachet européen. Le long des canons, rangés en ligne, se promenait une sentinelle le sabre nu ; les subordonnés se levaient pour parler à leurs supérieurs, au lieu de rester assis. La demeure particulière même du commandant de l'artillerie ne ressemblait nullement aux cabanes du pays. En un mot, on voyait partout des traces de l'influence anglaise.

En 1875 le colonel russe Reintal fut envoyé à Yakoub-Bek pour lui porter les présents du tsar. Il resta trois jours à Kachgar et put voir les manœuvres des troupes nationales. Il put aussi réunir sur les forces militaires de Yakoub divers renseignements qu'à son retour à Tachkent, il présenta dans un mémoire au gouverneur général. En voici les points principaux.

1° Les Anglais ont donné à Yakoub un grand nombre de fusils à percussion. Le colonel Reintal les a vus. L'un d'eux, qu'il a eu entre les mains, était en si mauvais état qu'on ne pouvait dire si le canon en était lisse ou rayé.

2° Yakoub a organisé une usine où les fusils à percussion sont transformés en fusils à tir rapide. Elle a été installée avec l'aide des Anglais. Il existe en tout 4.000 fusils transformés, et le colonel estime que dans les manœuvres qu'il a vues le 15/27 mai 1875, 6.000 fantassins environ étaient armés de fusils à tir rapide. Il a pu examiner un de ceux-ci. La culasse était fixe, mais s'ouvrait de gauche à droite et contenait une aiguille sur laquelle venait frapper le chien lors du tir.

L'usine transforme jusqu'à 16 fusils par semaine.

3° Il existe à Kachgar plusieurs poudreries, qui fabriquent une poudre lisse très-bonne.

4° On y trouve aussi une fonderie de canons. Le colonel Reintal vit dans les exercices 4 canons rayés nouvellement fondus. La ville possède également une usine où l'on confectionne des projectiles allongés.

Yakoub a largement récompensé les Anglais pour les bons résultats qu'ont donnés leurs projectiles explosifs et surtout leurs fusées.

5° A Kachgar le colonel Reintal n'a vu qu'une batterie. Elle se composait de six canons, dont quatre neufs, de montagne, traînés par trois chevaux. Il y avait en outre seize pièces attachées à l'infanterie. Le reste des bouches à feu et 18.000 hommes, d'après les renseignements recueillis par le colonel, avaient été envoyés dans les villes de Manass et d'Ouroumtchi.

6° L'infanterie marche bien et se forme le plus habituellement en carré. Les exercices en tirailleurs ont lieu d'après un règlement composé, il y a longtemps déjà, par Yakoub-Bek lui-même. C'est le côté faible de l'infanterie.

7° La cavalerie manœuvre avec beaucoup d'ensemble. Son armement est assez varié. 1.500 hommes environ étaient présents à l'exercice.

8° Il y a dans Kachgar beaucoup d'ouvriers anglais.

9° Yakoub a dans ses troupes des Turcs comme instructeurs. Le colonel en a vu deux.

10°. On doit bientôt adopter pour l'infanterie une nouvelle tenue, semblable à celle des troupes russes.

Les renseignements rapportés par le colonel Reintal ont paru quelque peu exagérés; cependant il est impossible de mettre en doute les améliorations importantes apportées par Yakoub-Bek à l'armement de ses troupes avec l'aide des Anglais.

Notre ambassade de 1876-1877 était dans de bien meilleures conditions que les précédentes pour recueillir des données précises sur les forces et les ressources militaires du Badaoulet. Partie d'Oche en octobre 1876, elle alla jusqu'à Kourla et Karachar, en passant par Kachgar, Aksou, Baï et Koutcha, et parcourut ainsi 1.250 verstes en ligne directe sur le territoire de la Kachgarie. Dans la capitale elle assista à quelques grandes manœuvres des troupes, visita les casernes, fut témoin d'autres manœuvres à Baï, Koutcha, et parcourut le camp occupé par l'armée de Yakoub près de Kourla. Enfin, pendant près de six mois qu'ils passèrent dans le pays, les envoyés russes purent vérifier différents points douteux relatifs à l'armée.

Néanmoins dans les territoires indépendants de l'Asie, les autorités locales sont tellement soupçonneuses et si portées à cacher la vérité, qu'il est extrêmement difficile d'obtenir des informations exactes. De sorte que nous ne pouvons pas répondre de l'exactitude complète des détails qui vont suivre, et nous demandons pardon à l'avance pour les erreurs, peu importantes nous l'espérons, que l'on pourrait y découvrir par la suite.

Pour la clarté de l'exposition nous avons divisé les données recueillies par nous sur l'armée du Badaoulet, en renseignements relatifs à l'organisation des troupes, à leur recrutement, à leur habillement, à leur armement, à leurs prestations, et enfin à leur instruction militaire et à leur tactique.

En terminant nous nous efforcerons de déterminer l'effectif approximatif de l'armée kachgare et sa dislocation, et nous essayerons d'apprécier d'une façon générale sa valeur militaire.

Organisation des troupes kachgariennes.

En Kachgarie tous les militaires portent le nom générique de *cipayes* et se divisent, suivant l'arme, en *sarbasses* (infanterie), *djighites* (cavalerie) et *toptchis* (artillerie). En dehors de ces trois catégories il en existe encore une quatrième : les *taïfourtchis*, qui, par leur destination et leur armement, se rapprochent plutôt de l'artillerie que de l'infanterie. Ils sont armés de longs et lourds fusils à mèche, (*taïfours*) rappelant assez bien nos fusils de rempart, et dont chacun est porté et servi par quatre hommes.

Les *sarbasses, dighites* et *taïfourtchis* constituent l'armée permanente. En outre dans les villes de l'Est (1) Yakoub-Bek a encore organisé des milices provisoires recrutées dans la population doungane, pour lutter contre les Chinois.

On ne peut, d'après la nature de leur service, diviser les troupes kachgares en régulières et irrégulières, bien qu'au point de vue de l'instruction, de l'armement et de la tenue, il n'y ait de vraiment réguliers que les *sarbasses*, une partie des *djighites* et les *toptchis*.

En outre toutes les troupes de Yakoub doivent être classées dans la catégorie des troupes actives.

A. Infanterie (*sarbasses*). Depuis l'arrivée des instructeurs turcs appelés par Yakoub il y a quelques années, l'infanterie kachgare a cessé d'être répartie en *sotnias* et *étendards*, et se subdivise en *tabors*. Le *tabor* comprend 8 *boulouks* de 30 files chacun, et comme en réalité les effectifs sont loin d'être au complet, le nombre de ces files varie de 15 à 30.

B. Cavalerie (*djighites*). Une grande partie de la cavalerie

(1) Ouroumtchi, Manass, Kounia-Tourfan. Les deux premières sont déjà tombées aux mains des Chinois l'année passée (1876).

de Yakoub a, dans ces dernières années, reçu également des instructeurs turcs la même organisation. Les *djighites* se divisent donc en *tabors* comme les *sarbasses*. Ici chaque *tabor* correspond, par son effectif, à peu près a deux escadrons, et se subdivise en 8 *takims* de 15 à 16 files chacun.

Pourtant une bonne partie des *djighites* ont encore conservé l'ancienne division en *sotnias* et *étendards*, commandés les premières par des *youz-bachis*, les seconds par des *pansats*. La force d'une *sotnia* varie de 40 à 100 hommes. Un étendard renferme de 3 à 6 sotnias.

La formation sur deux rangs est adoptée dans la cavalerie comme dans l'infanterie.

C. Artillerie (*toptchis*). Dans l'armée kachgare il existe deux batteries de six pièces chacune constituant des unités tactiques distinctes. La première, qu'a vue le colonel Kaulbars, se compose de canons lisses fondus dans le pays, du calibre d'environ 12 livres ; la seconde est formée de canons de montagne, de 3 livres, rayés et se chargeant par la culasse (1).

Ces pièces ont été importées de l'Inde il y a quelques années. Elles se trouvent sur la frontière, et cinq d'entre elles ont déjà été mises hors de combat par suite des dégradations survenues à leur mécanisme de fermeture. A chacune de ces batteries sont attachés comme soutiens 50 cavaliers et autant de fantassins.

Les autres bouches à feu fondues dans le pays ont été attachées à l'infanterie. A chacun des deux tabors de *sarbasses rouges* (sarbasses de la garde) on a donné huit pièces; deux seulement à une partie des autres.

D. Les *taïfourtchis*. Ils se recrutent exclusivement parmi les Chinois et les Dounganes. Chaque groupe de quatre hom-

---

(1) Suivant d'autres renseignements, cette dernière batterie serait de 8 pièces, dont 4 se chargeant par la culasse et 4 par la bouche.

mes sert un *taïfour,* dont ils constituent en quelque sorte l'affût vivant. Ces *taïfours* sont de grands fusils à mèche, longs d'à peu près 1 sagène ($2^m,13$), et du calibre d'environ 8 lignes (20 milimètres). Cinq *taïfours* constituent une section. Chaque .section a son étendard et cinq hommes de soutien armés de fusils à mèche ordinaires.

Voici qu'elle est la hiérarchie adoptée dans les trois armes pour les grades et les fonctions.

La troupe comporte trois degrés : simple soldat, *da-bachi* (dizainier) et *piandj-bachi* (cinquantenier).

Il y a deux grades d'officiers : *youz-bachi* (centenier) et *pansat* (qui commande 500 hommes). Les premiers correspondent à nos officiers subalternes, les seconds à nos officiers supérieurs.

Enfin le rang le plus élevé de la hiérachie militaire est celui de *lachkar-bachi,* qui commande de 5 à 10 *pansats* et peut se comparer à un général de division.

Recrutement des troupes kachgariennes.

Au début Yakoub-Bek se contentait, pour recruter ses troupes, des volontaires, nationaux ou étrangers, qui s'offraient à lui. Bientôt, toutefois, ces volontaires ne suffirent plus aux besoins, et le Badaoulet se vit contraint d'établir le service militaire obligatoire, tout en continuant à accepter tous ceux qui se présentaient volontairement pour entrer au service. Mais ce n'était plus désormais pour lui qu'une ressource auxiliaire de recrutement.

L'obligation de servir atteint toute la population mâle à partir de l'âge de quinze ans, et le nombre des recrues exigées chaque année varie d'une façon tout à fait arbitraire, suivant les besoins du moment. Une fois fixé, il est réparti entre les provinces et, dans chacune d'elles, entre les villes et les villages. Il atteint surtout les familles qui ont plusieurs enfants, dont l'un doit partir. Le fils peut remplacer le père. Les recrues peuvent être enrôlées depuis quinze ans jusqu'à trente et même trente-cinq ans.

Par suite de ses guerres continuelles, tant civiles qu'étrangères, Yakoub-Bek est obligé d'entretenir des troupes d'un effectif bien supérieur à celui que la population pourrait recruter sans en être accablée. En outre, les abus administratifs augmentent considérablement le poids de ce fardeau, et ces abus vont croissant d'année en année. En voilà déjà quelques-unes que durent ces enrôlements exagérés. On saisit et on incorpore même des étrangers, venus pour commercer ou comme conducteurs de caravanes. Des sujets russes se sont parfois vus ainsi transformés de force en soldats kachgares. Mais ces enrôlements forcés amènent la désertion, et jamais Yakoub ne parvient à combler les vides qui se produisent dans ses effectifs.

Parmi les étrangers qui fournissent le plus grand nombre de volontaires, il faut citer en première ligne les émigrés de l'ancien khanat de Kokand, connus en Kachgarie sous le nom général d*Andijaniens*; puis les émigrés de Boukhara et ceux des provinces de la Russie d'Asie. La partialité de Yakoub pour les émigrés du Turkestan occidental (les *Andijaniens*) s'explique facilement. Ils furent ses premiers compagnons d'aventures lors de son arrivée en Kachgarie. Lui-même est originaire de Pskent, village près de Tachkent. Enfin ces émigrés sont incontestablement les plus braves et les plus intelligents de ses soldats.

On comprend par suite les priviléges dont ils jouissent en Kachgarie. Les meilleures places dans l'administration et dans l'armée sont pour eux; et ils constituent dans le pays un parti puissant sur lequel Yakoub-Bek a pu, jusqu'à présent, pleinement compter, et dont les rangs n'ont fait que grossir tant que la fortune a continué de lui être favorable.

Mais il a suffi des premiers revers qu'il a éprouvés l'année passée, dans sa lutte contre les Chinois, pour lui faire sentir toute la faiblesse de cet appui. Venus en Kachgarie pour y chercher fortune, beaucoup d'Andijaniens, après les premiers insuccès, ont cessé de croire à l'étoile du Badaoulet et n'attendent plus qu'une occasion favorable pour retourner au plus tôt chez eux avec ce qu'ils ont amassé. Les désertions ont déjà commencé, et parmi ceux qui l'abandonnent Yakoub-Bek compte quelques-uns de ses favoris.

Outre les émigrés du Turkestan occidental, on trouve encore dans l'armée de Yakoub des Afghans, des Hindous, quelques Turcs, des Chinois, des Dounganes et des Kirghises. Yakoub apprécie beaucoup les Afghans, qui sont de bons soldats. Ils servent à prix d'argent, surtout dans l'artillerie des sarbasses rouges. De plus on en a formé, il n'y a pas longtemps, une ou deux sotnias de cavalerie. C'est parmi eux aussi qu'on prend les ouvriers des manufactures d'armes et des fonderies de canons.

Les Hindous sont en très-petit nombre. On les emploie de préférence dans l'artillerie.

En fait de Turcs, on rencontre seulement quelques individus venus de Constantinople en qualité d'instructeurs, et qui ont apporté avec eux les règlements de manœuvre de leur armée. Ils ne jouent qu'un rôle assez effacé, et plusieurs, trompés dans leurs espérances, sont à la veille de retourner dans leur pays. Un de ces Turcs a construit à Kachgar une capsulerie qui donne de très-bons produits.

Les Chinois de l'armée kachgare sont les débris des troupes chinoises massacrées lors de l'insurrection des années 1863-64. En embrassant l'islamisme, ils ont sauvé leur vie; mais ils ont tous été, ainsi que leurs enfants, depuis l'âge de douze ans, inscrits d'office sur les contrôles de l'armée. Ils servent tous dans le corps des *taïfourtchis* et constituent la partie la moins solide des troupes de Yakoub-Bek. C'est aussi sur les Chinois que retombent toutes les corvées à exécuter pour le compte des autres corps.

Les Dounganes proviennent de ceux qui servaient dans l'armée chinoise et tenaient garnison dans les villes de Kachgharie. Ils recrutent en partie les *taïfourtchis*, en partie les *djighites*. Leur situation militaire est un peu meilleure que celle des Chinois, quoiqu'ils n'inspirent pas non plus une bien grande confiance.

Chinois et Dounganes ont des chefs choisis parmi eux.

Les Kirghises et Kara-Kirghises servent dans la cavalerie, où ils s'enrôlent comme volontaires. On les emploie de préférence pour tenir garnison dans les postes isolés et pour le service de *tchabars* (courriers de la poste).

Enfin les troupes du Badaoulet renferment encore un assez bon nombre d'anciens esclaves, dont il s'est emparé dans ses guerres avec les diverses petites peuplades indépendantes qui bordent les frontières ouest et sud de la Kachgarie.

Le service dans l'armée kachgare dure toute la vie. Les soldats devenus incapables de remplir les devoirs militaires, sont employés aux travaux des champs ou à faire paître le bétail de l'État.

Les récompenses accordées dans le service consistent en argent, habits, armes, avancements et enfin en congés. Le tarif des récompenses en argent est entièrement arbitraire, et pour les soldats, la plus haute ne va pas au delà de 50 *lengas* (5 roubles).

Les costumes ou armes donnés à titre de récompense sont habituellement accordés par Yakoub lui-même, à ceux qui viennent lui rendre compte de l'accomplissement de quelque mission dont ils avaient été chargés. Ces costumes d'honneur consistent en robes de différentes valeurs, suivant le grade de l'individu récompensé. Elles sont généralement en indienne pour les soldats, en soie ou quelquefois en drap pour les *youz-bachis*, en drap fin, en brocart ou même eu velours pour les *pansats*.

Les armes d'honneur sont le plus souvent des fusils de chasse à un ou deux coups ; dans quelques cas, des revolvers ; ces derniers sont vivement ambitionnés par tous.

L'avancement aux divers grades dépend uniquement de la volonté du maître, qui, dans son choix, ne tient aucun compte de l'ancienneté ou de la durée des services.

Les *pansats* nomment aux grades de *da-bachi* et de *piandj-bachi*, c'est-à-dire aux emplois de sous-officiers. C'est Yakoub seul qui confère les grades de *youz-bachi* et de *pansat*. Il peut, comme bon lui semble, faire directement un *pansat* d'un simple soldat, et inversement.

Les autres récompenses accordées aux *pansats* consistent dans la concession, soit à titre de ferme, soit en toute propriété, de certaines étendues de terrain, quelquefois de villages entiers. Il peut également leur être conféré des fonctions à la cour ou des places dans l'administration, ordinairement des plus hautes, telles que celles de *toksob* et de *bek-toksob*. Les beks peuvent aussi, tout en régissant la population civile, conserver le commandement des troupes stationnées sur le territoire de leur gouvernement.

Enfin la plus haute situation militaire où l'on puisse arriver dans l'armée kachgare, est celle de *lachkar-bachi*, qui correspond à notre grade de général de divison. Les *lachkar-bachis* ont sous leurs ordres de cinq à dix *pansats*.

Par des motifs politiques, Yakoub s'arrange, autant que possible, de façon à composer les garnisons des villes situées à l'ouest de ses États, avec des corps de troupes recrutés dans les provinces orientales, et réciproquement. En temps de paix, tout soldat qui se conduit bien, a droit tous les ans à un congé d'un mois ou même davantage. Il reçoit alors une permission écrite de ses chefs, et doit la présenter à l'*aksakal* de l'endroit où il va passer le temps de sa permission.

On accorde également aux soldats, à titre de récompense, le privilége de servir dans un corps stationné dans leur pays natal.

Habillement.

Tous les militaires servant dans l'armée kachgare reçoivent un costume fourni par l'État.

Il consiste, pour les *sarbasses*, en un long caftan à deux rangs de boutons métalliques, en drap rouge léger, avec des étoiles de différentes couleurs cousues sur les épaules. J'ai vu, du reste, dans plusieurs corps de *sarbasses*, des caftans de nuances très-diverses et même des robes ordinaires. Quelques-uns sont habillés à la turque, en capotes de drap noir épais, ornées de passe-poils rouges sur les coutures, et portent de larges pantalons en drap semblables, passe-poilés de même. Le reste de l'infanterie a des culottes en peau de couleur jaune.

La coiffure est un haut bonnet de forme conique, en drap de couleurs variées ou en peluche, bordé de fourrure de loutre russe.

Les caftans sont serrés à la taille par de larges ceinturons en cuir mégissé, avec plaques d'argent; à ces ceinturons pendent une série de sacs d'un modèle uniforme: à droite un petit contenant les menus objets nécessaires au soldat: fil, aiguilles, alène, couteau, etc.; à gauche la poire à poudre en cuir, un sac pour les balles, un autre pour les capsules; trois cartouchières contenant chacune cinq cartouches et une corne renfermant de la graisse de mouton pour l'entretien des armes.

Ces ceinturons, ainsi que la coiffure, sont les mêmes pour les *sarbasses*, les *djighites* et les artilleurs.

Ces derniers sont vêtus de caftans en drap noir léger, avec étoiles rouges sur les épaules.

Les *djighites* portent des blouses de différentes couleurs, en indienne, soie ou autres étoffes, qu'ils rentrent dans leurs pantalons.

Les *taïfourtchis*, chinois et dounganes, ont également des blouses ou robes, de toutes nuances, le plus souvent grises, en toile du pays. La plupart n'ont pour coiffure qu'un morceau de la même étoffe, entourant la tête comme un bandeau et se fixant en avant par un peigne. Leur chaussure se compose de bas bleus et de lourds souliers.

L'infanterie, la cavalerie et l'artillerie sont chaussées de larges bottes en cuir mou, garnies d'épaisses semelles.

Réglementairement un caftan doit durer de un à deux ans ; une culotte, six mois ; une paire de bottes, quatre mois. Chaque homme a droit au remplacement annuel de son linge, et tous les deux ans à une *touloupe* (pelisse fourrée) en peau de mouton. Les cavaliers doivent toucher deux blouses par an.

Le cheval et le harnachement appartiennent à l'État, et il ne leur est pas assigné de durée réglementaire.

Il faut ajouter du reste que, dans la pratique, toutes ces prescriptions ne sont observées que d'une façon très-irrégulière. Fort souvent les soldats sont en haillons et chaussés de bottes trouées.

Armement des troupes.

L'armement des soldats de Yakoub-Bek consiste en fusils pour les *sarbasses*, en fusils et sabres recourbés pour les *djighites*.

Une partie de ces derniers, les dounganes, sont armés de lances. Les artilleurs ont des sabres, pour ceux qui servent les pièces, des fusils pour ceux qui jouent le rôle de soutiens. Il en est de même dans les *taïfourtchis*, où un certain nombre d'hommes armés de fusils sont adjoints, comme soutiens, aux soldats qui portent et tirent le *taïfour*.

Tous les chefs à partir du grade de *youz-bachi*, sont armés de fusils, de sabres, de pistolets et quelquefois de revolvers.

Une bonne moitié des fusils qu'on rencontre dans l'armée de Yakoub, sont des fusils à mèche de différentes grandeurs et de calibres très-variés, mais généralement assez faibles. Ils n'en sont pas moins très-lourds, ainsi que les rares fusils à silex dont quelques hommes sont pourvus. Aux uns comme aux autres est fixé une sorte de chevalet de pointage, et ils sont munis d'une baguette de fer. Dans un grand nombre sont creusées quelques rayures rectilignes, et lors de la charge il faut y enfoncer la balle à grand coups de baguette. Leur précision est très-grande jusju'à 200 pas, et la portée des gros va parfois au delà de 1.000. Cette portée et cette précision sont néanmoins insuffisantes. De plus, ces armes sont fort incommodes, par suite de leur poids, de la lenteur du chargement et de l'impossibilité de s'en servir à cheval.

Les armes les plus nombreuses, après les fusils à mèche, sont des fusils à percussion lisses et rayés. Parmi ces derniers se trouvent, d'après ce que nous avons vu et appris, environ 8.000 fusils Enfield avec baïonnette, du calibre de 5,8 lignes (0^m,017) portant la marque « *Tower* », 1864 ou 1867. Une partie considérable de la cavalerie et quelques tabors d'infanterie en sont armés. Ils proviennent de l'Inde anglaise et ont été fournis à Yakoub-Bek, il y a déjà quelques années.

Les autres fusils à percussion appartiennent à deux catégories : 1° des fusils de chasse à un ou deux coups, de fabri-

cation étrangère (le plus grand nombre portent la marque :
« *Joseph Hourn son, London,* ») et aussi de fabrication russe,
provenant de la manufacture de Toula; 2º des fusils à percussion, lisses et rayés, fabriqués dans le pays.

Il est très-difficile de préciser numériquement la quantité
des uns et des autres; mais ils ne sont qu'en proportion insignifiante. Les fusils lisses à deux coups de fabrication indigène sont munis de hausses graduées jusqu'à 600 pas (! !).

Ces fusils, fabriqués par les ouvriers kachgares, sont de deux
types : les uns du modèle Enfield, mais lisses ou avec quelques rayures rectilignes; les autres plus courts, à peu près
de la longueur de nos carabines de cavalerie Berdan. Tous
sont d'un travail très-grossier, mais on s'accorde généralement à les trouver très-solides et assez précis aux petites
distances. Leur calibre est d'environ 6 lignes (0^m,052); le
poids des longs atteint 10 livres (4 k.100) et varie de 6 à 7
pour ceux du modèle court. Ils n'ont pas de baïonnette, sont
pourvus d'une baguette en fer et d'une hausse pour le tir
jusqu'à 600 pas.

On laisse au bois de la monture sa couleur naturelle. Sur
le côté droit de la crosse une planchette mobile découvre,
quand on la soulève, une petite boîte qui contient la graisse
et les chiffons nécessaires à l'entretien de l'arme. Sur la culasse est gravé en langue turque le nom du constructeur.

Enfin, d'après les données que nous avons recueillies, Yakoub-Bek disposait en janvier 1877, pour l'armement de ses
troupes, de 4.000 fusils à tir rapide, dont une partie étaient
déjà distribués aux soldats, et les autres conservés encore à
l'arsenal de Yarkend.

Les premiers, au nombre de 2.200, ont été apportés de
l'Inde il y a deux ans déjà, en même temps que 8 canons de
montagne rayés, du calibre de 3 livres, dont 4 se chargent
par la culasse et 4 par la bouche. Ceux que j'ai vus à Kach-

gar, entre les mains des hommes de garde à la porte du khakim de la ville, et aussi à Kourla, sont des fusils Enfield transformés d'après le système Snider. Ils présentent trois rayures et sont munis de baïonnettes triangulaires ; à quelques-uns, qui semblaient être du même système, j'ai remarqué des baïonnettes françaises et des sabres-baïonnettes chassepot (1).

Les cartouches des fusils Snider que j'ai vues à Kachgar, étaient à percussion centrale du système Boxer-Henri. J'en ai rapporté des échantillons à Tachkent. L'extraction ne s'en fait pas très-bien.

Outre les fusils Snider, Yakoub-Bek a reçu aussi une certaine quantité de boîtes de culasse de ce système, avec tout le mécanisme de fermeture. Il les fait ajuster dans ses ateliers aux armes de fabrication indigène. J'ai vu un fusil ainsi transformé. Il était à canon lisse et grossièrement travaillé, mais l'adaptation de la boîte de culasse était assez bien réussie.

Tous les individus que j'ai interrogés m'ont unanimement déclaré que Yakoub-Bek avait reçu de Constantinople tous ces fusils à percussion et à tir rapide, Enfield rayés et canons à chargement par la culasse. Quelques-uns ajoutaient que tout cet armement lui avait été envoyé en présent par le sultan Abd-ul-Aziz, en retour de son acceptation du protectorat de la Turquie.

---

(1) Les Français, comme les Anglais, adoptèrent tout d'abord, en 1867, pour la transformation de leurs fusils, le système Snider avec de légères différences, consistant en ce que chez les premiers, la tête du chien n'était pas plate, mais légèrement évidée (a).

(Note de l'auteur.)

(a) C'étaient nos fusils à tabatière. Et c'est probablement à quelques-uns de ceux-ci que l'auteur a vu des sabres-baïonnettes, non pas chassepot, mais de l'ancien modèle adopté pour les carabines de nos chasseurs à pied ; carabines dont un grand nombre furent précisément transformées en armes à tabatière.　　　　(Note du traducteur.)

D'après une autre version, plus détaillée et plus digne de foi, Yakoub-Bek aurait chargé son ambassadeur à Constantinople, Saïd-Yakoub-Ichan-Khodja, d'acheter pour lui et d'apporter en Kachgarie, 12.000 fusils et quelques canons. Cet Ichan n'avait reçu d'ailleurs aucune indication précise relativement au lieu où il devait faire cette acquisition, et pouvait agir absolument comme bon lui semblait. Or, l'on raconte qu'il commença par *recevoir* à Constantinople (on ne dit pas de qui) un lot de 6.000 fusils et 6 canons, qu'il transporta par l'Inde en Kachgarie. Le reste des armes ne lui fut pas livré parce qu'il n'avait pas l'argent nécessaire au payement.

De plus, en arrivant au Thibet dans son voyage de retour en 1875, Ichan-Khodja s'y vit retenu, faute de pouvoir acquitter les droits dus par les armes qu'il avait avec lui ; droits qui s'élevaient à 30 *yambas* (un peu plus de 3.200 roubles). Il resta donc au Thibet, et envoya Ismaïl-Effendi pour demander cet argent à Yakoub. Celui-ci, en apprenant cette difficulté, s'empressa d'envoyer la somme exigée, qu'il leva sur les commerçants du pays. Puis il fit immédiatement un autre appel de fonds de la même manière, et les expédia par Ismaïl à Ichan, pour payer les armes que celui-ci avait dû laisser à Constantinople.

Les fusils ainsi achetés étaient moitié à percussion, moitié à tir rapide.

Nous avons plus haut estimé à 4.000, le total des fusils à tir rapide possédés par Yakoub. Dans ce nombre se trouvaient probablement un ou plusieurs lots provenant des achats d'Ichan-Khodja. Mais, malgré les renseignements que nous possédons, nous n'entreprendrons pas encore de décider dans quelles proportions les Anglais ont contribué à approvisionner Yakoub-Bek d'armes perfectionnées.

Les Turcs, qui dans ces derniers temps, ont adopté le système Henry-Martini pour l'armement de leurs troupes, faisaient usage auparavant de fusils Snider, et par conséquent il est possible qu'ils en aient vendu une partie à Yakoub-Bek. De même, dans l'Inde, tous les cipayes sont armés encore de cette façon, et la fabrication de ces armes se continue aujourd'hui même dans les manufactures anglaises.

Il est pourtant assez difficile d'admettre que les Turcs, dont les troupes sont encore, dans une forte proportion, armées de fusils à percussion et même de fusils à mèche, s'amusent à vendre à Yakoub-Bek des armes à tir rapide. Néanmoins nous n'avons pas jusqu'ici d'indications bien précises sur la part qu'ont pu prendre les Anglais à l'armement des troupes kachgares. Nous savons seulement que des agents commerciaux anglais comme Show, et des envoyés anglais, comme Forsyth, ont apporté en présent à Yakoub, quelques centaines de fusils et de revolvers, et même quelques échantillons de fusils à répétition. Nous savons que l'émissaire kachgare Ichan-Khodja a passé quelque temps à Londres pour des motifs qui nous sont inconnus. Mais pour résoudre définitivement la question de savoir qui, des Anglais ou des Turcs, fournit des armes à Yakoub, nous attendrons de posséder des données plus complètes.

Quoi qu'il en soit, je puis ajouter comme un fait indubitable, que les arrivages d'armes en Kachgarie continuent encore à l'heure qu'il est.

Le 23 décembre 1876, sur la route de Koutcha à Baï, à une marche de cette dernière ville, j'ai rencontré cinq chariots, traînés chacun par quatre ou cinq chevaux et chargés de caisses de fusils. Ces voitures se dirigeaient sur la forteresse de Togsoun, où les armes furent distribuées aux troupes.

Le 7 mars 1877, sur la route de Kourla à Kachgar, au village de Yangabat, nous rencontrâmes une caravane de vingt chameaux, dont la moitié portaient chacun deux longues caisses de bois remplies de fusils. Deux autres portaient chacun deux canons — probablement de montagne, du calibre de trois, à chargement par la culasse — recouverts d'enveloppes de cuir. Comme nous l'avons dit plus haut, Yakoub dispose déjà d'une batterie de 6 pièces semblables. Deux autres chameaux portaient les 4 affûts, et deux autres encore les roues, à chacune desquelles était jointe une caisse de munitions. Les quatre derniers chameaux portaient 16 caisses semblables, petites mais bien remplies.

Les conducteurs de cette caravane nous dirent que derrière elle en venait une autre plus nombreuse, avec des armes et des projectiles. Elles se dirigeaient toutes deux, comme les voitures que nous avions rencontrées auparavant, sur Yarkend, où tout le matériel de guerre est conservé dans un arsenal. Nous tenons d'Islam-Bek, khakim de Togsoun, qu'à la fin de l'année passée (1876), il avait fait venir du Thibet et livré à l'arsenal de Yarkend, 780 caisses de projectiles et de cartouches. Trente-six *djighites* et quarante mulets requis chez les habitants du pays accompagnaient ce convoi. Deux d'entre eux moururent des fatigues de la route. Soixante-seize chevaux succombèrent également. Au dire d'Islam-Bek, ces projectiles et ces cartouches étaient envoyés par les Turcs, de Constantinople dans l'Inde, d'où les Anglais s'étaient engagés à les transmettre à Yakoub-Bek.

Au Thibet (peut-être dans la ville de Ladak?) un agent anglais causa divers embarras à Islam-Bek, jusqu'à ce que celui-ci lui eût payé un pot-de-vin de *3 yambas* (325 roubles).

Du point où s'organisaient ces convois de munitions jusqu'à Yarkend il y avait trente-six jours de route.

Quant à ce qui est des armes blanches, les sabres que j'ai pu voir sont de qualité très-médiocre, mais de forme bien comprise. Une grande partie des lames sont fabriquées dans le pays. Quelques-unes aussi sont apportées de l'Inde.

Nous avons fait observer plus haut qu'en Kachgarie tous les officiers, outre leurs fusils et leurs sabres, sont armés de pistolets et même de revolvers. Les premiers ne valent pas la peine qu'on en parle, tellement ils sont mauvais. Pour les revolvers, ils sont jusqu'ici en fort petite quantité ; mais le nombre s'en accroît chaque jour grâce aux soins de Yakoub et à l'extrême envie qu'inspire à tous les *youz-bachis* la possession de ces armes. La plupart sont du système Colt ou Lefaucheux. Les échantillons de ce dernier modèle que j'ai examinés deviennent promptement inutilisables, soit en conséquence du manque de cartouches, soit plus souvent par suite de la dégradation du mécanisme.

Entretien des troupes kachgares.

Il n'existe en Kachgarie aucune règle constante et précise, pour déterminer les prestations en argent, vivres, fourrage ou effets, que doivent recevoir les soldats. Tout cela varie à chaque instant, suivant que les troupes sont en marche ou stationnées dans les casernes des villes, ou dans des postes détachés. Cela varie surtout suivant l'état des finances de Yakoub-Bek.

Le montant de ces prestations subit encore des variations plus considérables, selon que les troupes ont affaire directement à la caisse de l'État ou à des fonctionnaires particuliers qui font là-dessus une sorte de spéculation. Dans ce dernier cas les tarifs atteignent leur *minimum*.

Dans les conditions les plus favorables, le soldat kachgare touche une paye mensuelle de 3 à 15 *tengas*, c'est-à-dire de 30 kopecks à 1 rouble et demi (de 1 fr. 20 à 6 fr.) La paye des *da-bachis* va jusqu'à 20 *tengas* (8 fr.) celle des *piandj-bachis* jusqu'à 25 (10 fr.)

Les officiers, *youz-bachis* et *pansats*, reçoivent des lots de terrain, des prestations en nature et de l'argent, suivant le bon plaisir de Yakoub-Bek. La solde des premiers atteint 30 roubles (120 fr.) par mois. Les soldats d'artillerie sont les mieux payés. Les appointements des *djighites* engagés volontaires, dépendent également de la volonté du souverain.

Il est pourvu de deux façons différentes à la nourriture des troupes, et les prestations en nature sont de deux sortes.

1° L'on donne par jour à chaque soldat deux galettes d'environ une livre et demie (615 grammes), et un plat de ragoût pour quelques hommes. Ceux-ci vivent alors par groupes. De plus chaque homme a droit par mois à une livre (410 grammes) de thé.

2° Chaque soldat reçoit par mois : 2 *tchariks* (1) de farine, 1 *tcharik* de gruau et 1 ou 2 *tchariks* de viande.

Au lieu de ces prestations en nature, on donne parfois aux soldats, surtout à ceux qui sont mariés, des lots de terrain, d'une étendue telle qu'on puisse y semer 15 *tchariks* de grain. Si le propriétaire ne peut cultiver lui-même, il ne reçoit que la moitié de la récolte, c'est-à-dire environ 80 *tchariks* par an. Les familles des hommes de troupes ne sont nourries par l'État que si elles se trouvent dans une extrême misère. Ce qu'on leur donne peut aller, pour une famille, jusqu'à 100 *tchariks* de grain par année, chaque membre recevant alors environ deux *tchariks* de farine et un *tcharik* de gruau par mois. En outre les familles et les parents des soldats qui sont dans le besoin sont exemptés du payement de tout ou partie des impôts.

Les chevaux de troupe reçoivent en station deux gerbes de trèfle par jour, une botte de paille pour trois, et 50 *tcha-*

(1) Le poids du *tcharik* varie quelque peu, comme nous l'avons dit plus haut, suivant la substance qu'il s'agit de mesurer. Il correspond en moyenne à 10 kilogrammes.

riks de grain chacun par année. En campagne on leur donne de trois à quatre gerbes de trèfle ou de foin (s'il y en a), et 4 *djinas* (10 livres = 4ᵏ,100) de grain. Quand il s'agit de faire passer des troupes nombreuses à travers les parties désertes du pays, on nourrit les chevaux principalement avec du grain, en réduisant au besoin leur ration jusqu'à 3 *djinas*.

Au lieu de trèfle, on donne aussi parfois aux chevaux de jeunes roseaux, de la laiche et de la paille, de même qu'on remplace au besoin par de l'orge le maïs qui constitue leur nourriture habituelle.

Les effets alloués annuellement au soldat kachgare comprennent, dans les cas les plus favorables, une blouse d'indienne de dessous; une autre en toile teinte qui se porte par-dessus, ou un caftan de drap ; deux pantalons de cuir ; une, deux ou trois paires de bottes, et enfin un ou deux rechanges de linge ; en outre, tous les deux ans, une pelisse en peau de mouton. Les armes, la ceinture avec tous les accessoires, ainsi que la selle, n'ont pas de durée assignée. Le cheval sert de même indéfiniment jusqu'à ce qu'il soit complètement usé.

Toutes les distributions se font par l'intermédiaire des *pansats* ou, dans les postes détachés, des *youz-bachis*. Chaque *pansat* reçoit des *serkers* la quantité de grain nécessaire pour le nombre de chevaux qu'il doit nourrir. Il leur remet en échange des bons particuliers et des reçus qu'ils présentent à leur tour au Trésor, en payement des impôts dont le recouvrement leur incombe.

Les armes et les effets sont pris dans des magasins spéciaux (*davletkhane*) installés dans toutes les villes importantes de la Kachgarie.

Quand les troupes sont établies dans des garnisons permanentes, les pansats reçoivent, au lieu de grain, des lots de terrain appartenant à l'État, et qu'ils font cultiver en partie par des soldats, en partie par des travailleurs libres. Cette corvée retombe principalement sur les soldats chinois, qui sont obligés de travailler gratis. Outre ces terres, les *pansats* possèdent des troupeaux de chevaux et de gros bétail que l'État leur abandonne et qui paissent dans les montagnes. Ils payent environ 3 roubles par mois aux serviteurs qu'ils engagent pour travailler à leurs champs ou conduire leurs troupeaux.

Les *pansats* ont encore à leur disposition, comme moyens de transport, quelques chameaux, 10 à 15 chevaux et 5 voitures.

Enfin un procédé d'entretien des troupes, fort simple et qu'on applique très-souvent en Kachgarie, consiste à affermer à un *pansat*, à un *toksob* ou à un *bek*, un ou plusieurs villages, avec les revenus desquels, il est obligé d'entretenir un nombre déterminé de soldats. Dans ce cas l'État ne fournit que les armes et quelquefois les vêtements. Tout le reste, solde, vivres, etc., est à la charge du fermier.

Ainsi, par exemple, le *toksob* de la forteresse d'Oulougtchat, gouverneur de toute la bande de terrain montagneux qui s'étend depuis notre frontière du Fergan jusqu'à la sortie des montagnes près de Kachgar, a sous sa direction plus de dix petits postes isolés. Pour entretenir les 700 à 800 *djighites* qui forment la garnison de ces postes, ce *toksob* recueille l'impôt ziaket sur la nombreuse population *kara-kirghise* dont les tribus nomades circulent dans le rayon où s'étend son autorité, et en outre il possède, à titre de ferme, le village important d'Oussal, sur la route de Kachgar au lac de Sary-Koul, bien que ce village se trouve en dehors du territoire qui lui est soumis.

De même les beks de Kachgar, d'Aksou, Khotan, Yarkend, etc., à qui sont affermés les revenus de leurs provinces, sont obligés d'entretenir un nombre déterminé de *sarbasses* de *djighites.*

Ce régime est le pire de tous pour les soldats. Il ne peut plus alors être question pour eux de prestations régulières; ils ne reçoivent absolument que ce qu'on veut bien leur donner. Très-souvent ils ne peuvent même apaiser leur faim, ne touchent aucune espèce de solde et sont, par-dessus le marché, accablés de travaux et corvées de toute espèce.

Dans les villes et les postes détachés, les troupes sont casernées. Des bâtiments spéciaux, dits : *kourgantchas,* ont été construits dans ce but auprès des villes, et chaque corps a le sien. Un *kourgantcha* se compose de plusieurs cours entourées d'un mur d'enceinte unique. Autour de ces cours sont établies des rangées de petites cabanes, dont chacune est habitée par 10 hommes. On y loge aussi les familles des soldats qui n'ont plus leurs parents. Elles sont installées dans des huttes séparées, plus petites que les autres.

La cour est proprement entretenue, mais les cabanes, surtout celles des familles, sont malpropres, sombres et trop étroites pour le nombre de leurs habitants. On respecte pourtant le domicile des gens mariés, et personne n'y peut pénétrer sans l'invitation du propriétaire.

Lorsque les troupes sont campées, les soldats sont logés dans de petites tentes en toile, très-légères, dont chacune contient 10 hommes. A Kourla j'ai vu un camp où se trouvaient 2.500 à 3.000 soldats d'élite de Yakoub-Bek ; ils passèrent sous leurs tentes les mois de décembre janvier et février, par 10 ou 11 degrés de froid, n'ayant presque pas de combustible et manquant de vêtements chauds. Ils n'avaient d'autres lits qu'un peu de paille recouverte d'un morceau de feutre mince. Un autre morceau de la même étoffe servait de couverture pour tout le monde.

Les soldats casernés sont exercés tous les jours, à l'exception du vendredi. Ces exercices les occupent de cinq à onze heures du matin. Puis, quand ils sont terminés, les hommes sont tenus sous les armes encore une heure ou deux en attendant le dîner ; quelquefois on ordonne aussi des manœuvres pour l'après-midi. Mais en général cette partie de la journée est consacrée à la culture des champs ou des jardins potagers appartenant à l'État, comme aussi au travail dans les ateliers ou à d'autres corvées intérieures. Il reste aux soldats bien peu de temps libre, et ils ne peuvent sortir des casernes sans la permission de leurs supérieurs.

Le vendredi tous les militaires se réunissent dans la mosquée principale pour y dire le *Djouma-Namas* (prière en commun).

Les *punitions disciplinaires* infligées aux soldats kachgares sont l'emprisonnement, les verges et le fouet.

Les limites dans lesquelles peut s'exercer le droit de punir, pour les différents chefs, ne sont pas exactement définies. Sous ce rapport règne un arbitraire absolu.

Les membres de l'armée qui se rendent coupables d'un crime sont déférés aux tribunaux ordinaires et jugés d'après les règles fixées par les *kazis*. Pour la première faute, par exemple, l'homme est mis en prison ; pour la seconde on lui coupe la main droite, pour la troisième il est puni de mort.

Contrairement à l'opinion générale, la peine capitale n'est pourtant pas très-fréquemment appliquée en Kachgarie. Le mode d'exécution le plus habituel est la pendaison. On voit partout, dans les villes et villages, se dresser aux endroits les plus apparents des gibets pour un nombre plus ou moins considérable de personnes, suivant l'étendue de la localité. C'est généralement le premier objet qui frappe les yeux quand on y pénètre.

Pour achever de peindre la situation du soldat kachgare, je citerai **encore** au hasard quelques indications recueillies de la bouche même de différents individus, et notées sur place.

Lors de mon séjour dans la place forte d'Oulougtchat, un des soldats mis à notre disposition me raconta qu'il était né à Khotan, avait été enrôlé de force sept ans auparavant, et n'avait jamais quitté Oulougtchat depuis lors. Il avait une famille restée à Khotan. Pendant tout son temps de service il n'avait pas touché un centime de solde. D'après lui, la nourriture de la garnison d'Oulougtchat se compose de deux galettes, dont une se mange le matin et l'autre au dîner. Pour ce repas on tue chaque jour deux moutons. L'un est pris tout entier par le *toksob* et les *youz-bachis*. Avec l'autre on fait une espèce de soupe aux pois et au gruau, pour toute la garnison, qui comprend 70 à 80 soldats mariés et 100 célibataires. Les premiers ont chacun leur tasse pour emporter leur ration.

Les armes et les vêtements sont tirés des ateliers et magasins de l'État, de la ville de Kachgar, mais n'arrivent pas régulièrement.

Il n'y a de solde en argent que pour les quelques familiers du *toksob*.

Dans la garnison, les mécontents sont en majorité et trouvent qu'on serait plus libre, même avec les Chinois. Au moins on ne serait pas tourmenté par le recrutement obligatoire. La vie n'est supportable ici que pour ceux d'*Andijane* et de *l'skent*, ville natale de Yakoub-Bek.

Récemment deux soldats s'enfuirent vers la frontière russe, mais furent pris et livrés par Mousoulman-Biï. C'est le chef de la tribu kara-kirghise de *Sartlar*, qui nous est soumise et mène une vie nomade des deux côtés du col de Térek-Davan. Les coupables furent exécutés, et Mousoulman-Biï fut récompensé par les autorités kachgares.

Quelque temps auparavant deux autres avaient **été mis à mort** par ordre du *toksob*, pour une tentative de **désertion.** Quoique ce fonctionnaire n'ait pas le droit d'infliger la peine capitale, il peut sans crainte se le permettre, grâce à la faveur personnelle dont il jouit auprès de Yakoub-Bek.

Quelques soldats de la garnison de Kachgar m'ont dit aussi que le khakim de cette ville, Aldach-Datkha, entretient ses 800 soldats à peu près comme le *toksob* d'Oulougtchat. Jamais il ne leur est donné de solde en espèces.

D'après M. Chokof, magistrat russe qui a longtemps vécu à Kachgar, jamais on ne voit de soldats ni même d'officiers kachgariens, acheter quoi que ce soit dans les bazars. Au contraire, lorsqu'on leur distribue des vêtements, les soldats se défont à vil prix des touloupes et des bottes qu'ils reçoivent, et restent en guenilles.

En revenant de Kourla à Koutcha, j'ai fait quelques étapes en compagnie d'un *djighite* originaire de Yarkend. Outre beaucoup de faits intéressants relatifs aux dernières rencontres des Kachgariens avec les Chinois, cet homme me raconta ce qui suit.

Il servait déjà depuis cinq ans, sans interruption, dans les postes frontières. Pendant tout ce temps il avait reçu en tout 2 caftans de drap et, chaque année, 25 tengas, c'est-à-dire 2 roubles 50 kopeks (10 francs). Souvent on ne distribuait pas de vivres, et les soldats de Kounia-Tourfan étaient parfois obligés de demander l'aumône. Par suite de son état de santé, on venait de lui permettre de se rendre à Yarkend pour servir dans la garnison de cette ville. En place de son cheval, qui était mort, on lui avait donné de l'argent pour acheter un mulet, sur lequel il voyageait avec nous. On lui avait repris la poudre et les balles du fusil à mèche qui constituait son armement, en lui laissant seulement deux charges pour la route. Pour lui permettre de circuler sans obstacle jusqu'à Yarkend, on lui avait délivré un congé régulier et un bon lui donnant le droit de toucher du fourrage pour son mulet à tous les gîtes d'étape.

Au delà de Koutcha, nous rencontrâmes encore un homme en congé qui s'en retournait également à Yarkend, à pied, son fusil à mèche sur l'épaule. Il nous confirma les assertions de son camarade.

Dans toutes les villes de Kachgarie où nous avons séjourné, les soldats mis à notre disposition pour notre service, ou comme garde d'honneur, commençaient toujours par se louer beaucoup de leur situation. Ils ne parlaient que de la libéralité d'Yakoub, et exagéraient la solde et les prestations qu'ils recevaient. Mais au bout de quelques jours, quand nous avions fait avec eux plus intime connaissance, ils devenaient plus francs, et d'ordinaire se plaignaient amèremen de leur sort et des abus de toute sorte commis par leurs chefs.

Instruction militaire des troupes kachgares.

Les observations que j'ai pu faire sur l'instruction des troupes kachgares, se rapportent aux villes de Kachgar, Aksou, Koutcha et Baï. A Kourla, malgré les forces nombreuses qui s'y trouvaient réunies pendant notre séjour, on n'exécuta devant nous aucune manœuvre.

A Kachgar, où plus de 5.000 hommes sont réunis, l'instruction est dirigée d'une façon particulièrement méthodique. Chaque jour, dès cinq heures du matin, tous les soldats sont réunis, pour l'exercice, dans la cour de leurs *kourgantchas* ou devant ces bâtiments. Deux fois par semaine a lieu une concentration générale des troupes dans une vaste plaine près de Yanghi-Hissar. Quatre fois par semaine tous les corps viennent l'un après l'autre s'exercer sur des cibles disposées tout exprès. Le tour de chacun revient au moins une ou deux fois par semaine.

Jusqu'à ces derniers temps le règlement de manœuvres n'était qu'une sorte de compilation de prescriptions empruntées aux règlements afghan, anglais et russe, avec des modifications dues à Yakoub-Bek lui-même. Depuis quelques années les instructeurs turcs ont pris en main la direction des exercices, à l'exception des deux *tabors* de sarbasses rouges, qui sont instruits suivant les préceptes de l'ancien règlement. Mais les nouveaux instructeurs n'ont guère introduit de changements que dans la tenue, la seule chose essentielle à leurs yeux.

Les exercices de l'infanterie consistent principalement en maniement d'armes, ruptures du front les plus compliquées possible et marches.

Dans la cavalerie, déploiements et conversions ; marches au pas et au trot ; colonnes par trois, par six et combat à pied. L'ordre dispersé pour l'infanterie, la charge et le service d'avant-postes pour la cavalerie, ne font pas encore partie des programmes d'instruction. Quant aux manœuvres avec application au terrain et réunion d'armes diverses combinées, il est inutile d'en parler.

Il faut avant d'y songer, procurer aux troupes des instructeurs plus éclairés et plus intelligents que ceux envoyés par les Turcs.

Pour mieux faire connaître le caractère de l'instruction, comme aussi celui des troupes elles-mêmes dont nous avons observé les exercices, je vais décrire quelques-uns de ceux-ci dont j'ai été témoin à Kachgar, Baï et Koutcha.

Manœuvres des troupes kachgares près de la forteresse
de Yanghi-Hissar, le 6/18 novembre 1876.

L'emplacement était un vaste terrain de deux verstes de long et d'une verste de large, contigu aux murs de la ville.

Les troupes, au nombre d'environ 3.000 hommes, formaient un grand quadrilatère dont la face nord était constituée par la cavalerie (2 *tabors*, 16 *takims*), les côtés ouest et sud, par l'infanterie (3 *tabors*, 24 *boulouks*, avec 8 canons). Sur le côté est, était établi un carré de *sarbasses rouges*, avec 8 pièces et 4 *takims* (*demi-tabor*), de cavalerie. Environ 400 Chinois étaient postés en avant de la cavalerie de la face nord, et le même nombre de Dounganes en avant de l'infanterie du côté ouest. Ces deux groupes spéciaux étaient armés de *taïfours*.

Toutes les troupes faisaient front vers l'intérieur du quadrilatère. Au centre se tenait le fils de Yakoub-Bek, Kouly-Bek, avec son état-major, composé d'un instructeur turc, de quelques *youz-bachis* et *makhrams* (aides de camp). Ces derniers étaient des jeunes gens de quinze à dix-sept ans.

La colonne des *sarbasses rouges*, commandée par l'Afghan Djamadar-Parmanatchi, occupait la place d'honneur. Ces soldats étaient revêtus de longs caftans en drap rouge et vert descendant presque à un pied de terre, et qui devaient fort gêner la liberté de leurs mouvements. A leurs larges ceintures de cuir étaient suspendues quelques cartouchières. Leurs amples culottes jaunes bouffaient au-dessous. Ils étaient coiffés de bonnets coniques bordés de fourrures en loutre russe. Leurs fusils, munis de baïonnettes, étaient pour la plupart, des Enfield rayés à percussion ; on en voyait aussi quelques-uns du même système fabriqués dans le pays.

Les 8 *boulouks* dont se composait ce corps des sarbasses rouges, avaient leur effectif très-incomplet, puisqu'ils étaient à quinze files au lieu de trente. Les 8 canons qui les accompagnaient rappelaient par leur calibre, les uns nos licornes d'un demi-poud, les autres nos pièces de 12 (1). Les

---

(1) Ces deux calibres russes ont respectivement pour diamètre 6 pouces et 4 p. 8 soit 0^m,152 et 0^m,122.

affûts et les avant-trains semblaient assez solides, **quoique** d'une construction grossière. Une partie étaient **peints en** vert. Les affûts sont reliés aux avant-trains par le moyen d'un crochet (système anglais). Les pièces sont attelées de deux chevaux. Le personnel de chacune comporte cinq servants à pied, sans armes, et deux conducteurs.

Les bouches à feu étaient disposées dans les intervalles entre les *boulouks*, la 8e se trouvant sur le flanc à gauche. Aux commandements de Djamadar-Parmanatchi, l'infanterie et l'artillerie manœuvraient simultanément.

Le premier mouvement que nous vîmes exécuter aux sarbasses rouges fut une formation en carré. La face antérieure fut formée par 4 *boulouks* et 5 canons ; celle de derrière par 1 canon et 2 *boulouks* ; 1 *boulouk* et une pièce constituaient chacune des faces latérales. Dans ces deux dernières, ainsi que dans la face postérieure, les *boulouks* étaient déployés sur un seul rang avec leur canon au milieu.

Cette formation fondamentale du carré fut ensuite diversement modifiée aux commandements de Djamadar. Tantôt le premier rang se déployait à droite et à gauche de la face antérieure, lui formant comme des ailes. Tantôt le dernier rang de cette même face se plaçant dans le prolongement des faces latérales, celles-ci s'allongeaient et le carré s'agrandissait. Tantôt les 2 *boulouks* extrêmes de la face antérieure passaient aux faces latérales, qui se formaient sur deux rangs ainsi que la face arrière, et le carré diminuait d'étendue.

Dans tous ces mouvements les canons étaient traînés à bras, les avant-trains restant à l'intérieur du carré. Quand ce carré lui-même se portait en avant, en arrière, à droite ou à gauche, on amenait les avant-trains, lesquels exécutaient leurs mouvements en tournant de très-court.

Le carré fit un feu simulé par toutes ses faces à la fois,

les soldats épaulant avec assez d'ensemble. Mais après le simulacre de tirer, les hommes ne simulaient pas la charge : ils maniaient leurs fusils comme des armes à chargement par la culasse, bien qu'ils n'en eussent aucune de ce système. Les salves exécutées par le carré furent suivies de l'envoi en tirailleurs de petits groupes qui, s'avançant d'un pas assez lent, se formèrent en avant de la face antérieure, conservant entre eux certains intervalles. Puis toute cette chaîne fit des feux d'ensemble au commandement de Djamadar.

Le carré constitue la formation favorite de cet officier; il y exerce les sarbasses rouges en commandant en langue afghane. Il leur fit répéter plusieurs fois les mouvements que j'ai décrits plus haut.

Les sarbasses apprennent en outre à se déployer en bataille, à marcher dans cet ordre en avant et en retraite, et à se former en colonne. La plus usitée est celle par pelotons à distance entière, obtenue par une conversion à droite de chaque *boulouk*. Pendant la marche, les canons suivent sur le flanc droit des *boulouks*. Le pas est extrêmement petit et les hommes marquent la cadence avec le pied gauche. Tous ces mouvements se faisaient lentement, mais avec assez d'ordre, les soldats marchant au pas et observant l'alignement dans chaque *boulouk*.

Pendant que Djamadar-Parmanatchi exerçait ainsi son *tabor*, il était accompagné d'un trompette à pied qui, avec beaucoup de talent, exécutait différentes sonneries rappelant celles de l'armée russe.

Les manœuvres des sarbasses rouges ne se rattachent nullement à celles des autres troupes, pas plus que celles-ci les unes aux autres.

Le reste de l'infanterie, comprenant 27 *boulouks* formés en 3 *tabors*, s'exerçait sous la direction de Bek-Kouly-Bek. Il faisait transmettre ses ordres aux troupes par l'instructeur turc qui l'accompagnait, et qui, sur son mauvais cheval, courait perpétuellement comme un fou d'un bout à l'autre du champ de manœuvres.

Ces trois *tabors*, composés de nouvelles recrues, avaient 30 files par *boulouk*, c'est-à-dire étaient deux fois aussi nombreux que celui des sarbasses rouges. Deux d'entre eux manœuvraient ensemble, et le troisième isolément.

Ces soldats étaient vêtus de blouses ordinaires en grossière toile teinte, renfermées dans leurs larges culottes en cuir jaune. Le ceinturon et les cartouchières étaient les mêmes que chez les sarbasses rouges. L'armement était très-varié ; toutefois les fusils à mèche semblaient dominer. Les 8 pièces accompagnant ces *tabors* étaient inférieures, comme fabrication et installation, à celles des sarbasses rouges.

Les manœuvres consistaient à se former en colonne par *boulouk*, à distance un peu plus grande que le front d'une de ces subdivisions. Puis ces colonnes marchaient et se déployaient en bataille. Bien que ne marchant point au pas, les hommes n'en manœuvraient pas moins avec beaucoup d'ensemble. Les *boulouks* se serraient et se desserraient en marchant, exécutaient des conversions, se déployaient assez régulièrement et, dans les marches en bataille, faisaient au moins les premiers pas en très-bon ordre. Les sarbasses portaient leurs armes sur l'épaule droite, le dessous de la crosse appuyé dans la main presque ouverte.

Pour des recrues, ces hommes manœuvraient avec une précision et un ensemble très-satisfaisants. On voyait que les séances de dressage avaient été déjà nombreuses.

Les commandements pour l'infanterie se faisaient en langue turque, sauf pour les sarbasses rouges, commandés, comme je l'ai dit plus haut, en afghan.

La cavalerie que j'ai vue consistait en 10 corps isolés, correspondant à nos escadrons ou sotnias, dont 8 manœuvraient ensemble et 2 isolément.

Chaque sotnia se divisait en 2 *takims* ou pelotons de 15 ou 16 files chacun. Huit *takims* constituent un *tabor*. C'était donc deux tabors et demi qui manœuvraient.

Les cavaliers étaient vêtus de robes ou blouses de diverses couleurs, dont le bas rentrait dans leurs pantalons. Leur armement consistait en fusils, la plupart à percussion, et dont une partie étaient munis de baïonnettes. Ils portaient en outre des sabres. Quelques-uns avaient des armes à chargement par la culasse. Les cavaliers portaient leurs fusils devant eux en les tenant par la poignée. Les chefs des *takims* avaient à la main des sabres qui paraissaient de très-bonne qualité.

Les chevaux de la cavalerie sont bons, bien en point et parfaitement entretenus. La plupart viennent du Kokand.

Les évolutions exécutées par la cavalerie consistaient dans la formation de colonnes par trois et par *takims*, tantôt à distance entière, tantôt à distance réduite, qui marchaient ensuite au pas et au trot. Les conversions s'exécutaient en assez bon ordre, le pivot piétinant sur place, tandis que l'aile marchante allongeait l'allure. Les hommes paraissaient solides en selle. A plusieurs reprises pourtant 2 ou 3 cavaliers tombèrent pendant les manœuvres, mais chaque fois aussi ils remontèrent promptement à cheval et rejoignirent leurs camarades.

Il n'y eut ni charge ni déploiement en tirailleurs ou combat à pied, bien que ce dernier exercice soit familier à la cavalerie kachgarienne.

A la fin de la manœuvre la cavalerie défila devant nous par *takims*. Le yéçaoul-youz-bachi Moulla-Kaboul, un Andijanien, qui la commandait, salua du sabre en passant, ainsi qu'un certain nombre des chefs de *takims*.

Outre l'infanterie et la cavalerie, manœuvraient encore sur la même place des *taïfourtchis*, Dounganes et Chinois. Il sera parlé plus loin des exercices de ces troupes.

La manœuvre fut enfin terminée par un tir à blanc exécuté par tout le monde. Les aides de camp du *bik-batchi* galopèrent de tous côtés, et bientôt tous les corps se trouvèrent reformés en ligne, faisant front vers l'intérieur du quadrilatère qu'ils constituaient. La cavalerie était à quelques pas derrière l'infanterie. Les canons étaient sur la même ligne que celle-ci, entre les *boulouks*.

Alors, au signal du *bik-batchi*, tous ouvrirent le feu. Pour tirer, le premier rang des sarbasses rouges se mettait à genou, tandis que la cavalerie dirigeait ses coups en l'air par-dessus la tête de l'infanterie.

Les artilleurs tiraient le plus vite possible, et sans viser avant chaque coup.

L'infanterie, sauf les sarbasses rouges, tirait assez lentement. Pour charger, chaque soldat laissait descendre l'arme à terre et y enfonçait la charge au moyen de la baguette. Puis dans les fusils à mèche on versait encore de la poudre au bassinet.

Ce tir assourdissant et désordonné dura environ dix minutes. Le feu cessa avec assez d'ensemble au signal donné par le *bik-batchi*.

Pendant toute la manœuvre régnait un silence complet, uniquement interrompu par les cris furieux des chefs. Après le tir seulement on entendit des conversations.

Les effectifs présents à cette séance peuvent se décomposer à peu près comme il suit :

1° *Infanterie.*

Trois *tabors* formant 24 *boulouks* de 28 à
30 files chacun. . . . . 1.600 hommes.
Un *tubor* de sarbasses rouges : 8 *boulouks* à
15 files. . . . . 300 —

Total : 4 *tabors* et. . . . 1.900 hommes.

2° *Cuvalerie.*

Deux tabors et demi, ou 20 *takims* à 14 files
l'un. 700 hommes.

3° *Artillerie.*

16 canons avec 32 conducteurs et 80 servants. . . . . 112 hommes.

4° *Taïfourtchis.*

Environ 400 Dounganes et autant de Chi-
nois, en tout. . . . . 800 hommes.

Total général. . . 3.512 hommes.

En résumé, ces manœuvres présentaient un tableau très-animé, très-pittoresque, mais absolument absurde au point de vue militaire.

J'ajouterai encore une observation qui caractérise bien les mœurs kachgares. Pendant les exercices il s'était rassemblé autour de la place un assez grand nombre d'habitants, qu'on laissa longtemps parfaitement tranquilles. Puis tout à coup, sur un ordre quelconque, s'élancèrent sur eux un certain nombre de ces jeunes *makhrams* (aides de camp), cavaliers de quinze à dix-sept ans, qui se mirent à chasser les spec-

lateurs à coups de fouet et même à coups de crosse. Deux
ou trois personnes tombèrent et furent foulées sous les pieds
des chevaux.

*Les casernes et l'instruction individuelle de l'infanterie
et de l'artillerie.*

Le 11/23 novembre 1876 nous allâmes visiter les casernes
et examiner l'instruction individuelle des sarbasses rouges.
Ces bâtiments sont situés à peu de distance de Yanghi-Hissar, à un peu plus d'une verste de la maison occupée par
l'ambassade. Le chef des sarbasses rouges, Djamadar-Parmanatchi, nous reçut à l'entrée, et après les compliments
d'usage, nous conduisit dans ses appartements de réception.

Les casernes où sont logés les sarbasses rouges et leurs
huit canons se composent de quatre parties ou cours, disposées en enfilade. Dans la première on apercevait, sous un
auvent, le long de l'une des faces, les pièces avec leurs servants rangés devant elles. A côté l'on voyait aussi trois mortiers de fabrication indigène, l'un du calibre d'environ deux
pouds ($0^m,2451$) et les deux autres d'un calibre un peu
moindre que nos mortiers d'un demi poud ($0^m,1524$).
Les trois autres faces de cette cour, comme aussi celles des
deux suivantes, sont occupées par de petites cabanes où
logent les soldats et leurs familles. Les cours étaient très-
propres. Dans toutes on voyait les hommes rangés au port
d'armes et les yeux baissés vers la terre. Leurs fusils étaient
la plupart à percussion et rayés (*Tower*).

Leurs longs caftans en drap, dont beaucoup témoignaient
déjà de longs services, laissaient à découvert leur cou et une
moitié de leur poitrine, dont rien parfois ne cachait la nudité.

Ils étaient chaussés de bottes en peau de chèvre, souvent
éculées.

L'aspect extérieur des soldats, devant lesquels nous passâmes lentement, n'avait rien de séduisant. En général ils n'étaient déjà plus de la première jeunesse, avaient l'air épuisé et plutôt maladif que sain. On peut admettre sans trop d'erreur que l'âge du plus grand nombre variait de trente à trente-cinq ans. Il y en avait aussi de plus jeunes, mais d'autres, en revanche, avaient atteint déjà la cinquantaine. On pouvait reconnaître parmi eux environ 100 Afghans et Hindous, ainsi qu'une trentaine de Dounganes. Les autres étaient des indigènes.

Djamadar, le chef des sarbasses, nous dit avoir soixante-treize ans. C'était un vieillard encore vigoureux, haut de 15 verchoks (1ᵐ,67), maigre, un peu voûté, d'une figure énergique et très-sympathique. Dans sa longue carrière militaire, il avait servi cinquante ans dans l'armée des Sikhs et s'était battu avec eux contre les Anglais. Puis il était allé chercher fortune dans l'Asie centrale, s'était enrôlé dans les troupes du Kokand et avait lutté contre nous à Tchemkent. Enfin, lorsque les Russes se furent emparés de Tachkent, il était passé en Kachgarie, où ses talents militaires lui avaient mérité la faveur de Yakoub-Bek. Il est considéré comme le commandant en chef de toute l'artillerie quoiqu'il n'ait sous ses ordres que huit canons. Dans les dernières campagnes, il a eu l'occasion de commander, en qualité de *lachkar-bachi*, huit à dix *étendards*, soit 4.000 hommes, d'infanterie et de cavalerie.

Djamadar nous raconta qu'il avait huit blessures ; il n'en jouit pas moins d'une très-bonne santé. Il était vêtu d'un caftan de drap rouge anglais léger, avec des agrafes d'argent sur la poitrine. A son large ceinturon, orné de plaques rondes du même métal, pendait un sabre recourbé d'excellente qualité. En arrière était fixé son revolver, qui paraissait être du système Colt. Il était coiffé d'un bonnet conique en velours violet bordé de martre. Les appartements de réception où il nous conduisit étaient situés sur la quatrième cour, et c'est là qu'était aussi logée toute sa maison. Aux murs étaient suspendues les armes de ses serviteurs : quelques fusils à deux coups, d'autres à mèche et un à tir rapide. Djamadar nous y fit servir, selon l'usage, le *dastarkhan* (rafraîchissements); après quoi nous le priâmes de nous montrer les exercices individuels de ses soldats.

Bientôt soixante-dix sarbasses, l'arme au pied, furent rangés dans la première cour. Au commandement : « fixe » tous se redressèrent, portant quelque peu la tête en arrière, avançant la poitrine et écartant légèrement la pointe des pieds. Au commandement : « l'arme sur l'épaule, » tous lancèrent avec assez d'ensemble leurs fusils sur l'épaule gauche, reposant la crosse sur la main étendue. Puis ils exécutèrent différents mouvements : Présentez armes, reposez armes, etc., rappelant tout à fait les nôtres. Mais dans ce dernier mouvement, ils détachaient l'arme et la baïonnette de l'épaule plus qu'on ne le fait dans l'armée russe.

Après le maniement d'armes on nous fit voir la marche, les à-droite et à-gauche, demi-tours, etc. En tournant sur un pied, les sarbasses levaient l'autre à une assez grande hauteur et le ramenaient à terre en frappant en cadence. Au commandement : « Au pas, marche, » ils commençaient par marquer le pas sur place, puis entamaient le mouvement en partant du pied gauche. Lorsqu'ils battaient ainsi la mesure avec le pied, ils le levaient très-haut, au point de plier presque le genou à angle droit. Ils faisaient les pas très-petits, en tenant le corps tendu et la tête quelque peu levée. A quelques exceptions près, les mouvements s'exécutaient au pas et la tête directe. Le rang était partagé en groupes de 5 à 10 soldats, dans chacun desquels l'homme du flanc droit était en quelque sorte le chef des autres.

Dans les ruptures de la ligne de bataille par sections, on

semblait s'efforcer de compliquer les mouvements le plus possible. Voulant faire valoir ses hommes, Parmanatchi fit faire des changements rapides de formation dans lesquels ses soldats tournaient en cercle, exécutaient différentes voltes, le tout en frappant du pied, comptant à demi-voix la cadence, et pliant la jambe jusqu'à renvoyer le pied à hauteur du genou. Toute cette partie de l'exercice paraissait une sorte de danse.

Plus d'une fois il se produisit des imbroglios dans lesquels les hommes, sans se gêner, se poussaient par les épaules en s'injuriant. Je remarquai particulièrement le zèle d'un certain *youz-bachi*, qui s'emporta jusqu'à frapper très-violemment à coups de crosse un sarbasse pour avoir perdu sa section. Le tromppette lui-même, un Afghan vêtu d'une blouse en lambeaux, qui se tenait auprès de Parmanatchi, se considérait aussi comme une autorité ayant le devoir de veiller au maintien du bon ordre. Quand il remarquait un peu de confusion dans les mouvements, il accourait et distribuait libéralement les torgnioles.

Après avoir examiné les exercices des fantassins, nous demandâmes à voir ceux de l'artillerie. Djamadar refusa longtemps et consentit enfin. Sur son ordre on fit sortir de dessous l'auvent les deux dernières pièces, qui furent mises en batterie, avec les servants à leurs postes. C'étaient des canons en cuivre fabriqués dans le pays. Ils étaient à âme lisse, le premier environ du calibre de 1/2 poud, le second de celui de nos pièces de 12, mais tous deux beauconp plus courts que les nôtres. Ils étaient montés sur des affûts à flasques, dont l'un était peint en vert.

Le mécanisme de pointage se compose d'un écrou fixé entre les deux flasques, dans lequel passe une vis munie d'une tête embrassant la culasse de la pièce. Les roues sont grossières, mais solides et munies de bandes épaisses. Celles-ci sont fixées à la manière chinoise, avec des clous dont les grosses têtes, taillées à facettes, font saillie au dehors et nuisent au roulement. Ces mêmes bandes sont employées pour ferrer les roues des voitures du pays.

Les servants des pièces étaient diversement vêtus : les uns en caftans de peluche noire, les autres en caftans rouges comme les sarbasses, tous terriblement râpés.

Près de chaque bouche à feu se tenaient 7 hommes, dont deux ou trois avaient d'affreux sabres droits à fourreau de fer, plus 5 ou 6 armés de fusils à percussion, représentant le soutien.

Parmi les 7 canonniers proprement dits, l'un portait l'écouvillon, un autre le boute-feu ; un troisième apportait les charges, qu'un quatrième introduisait dans la pièce ; pendant que le cinquième dégorgeait et versait du pulvérin dans la lumière, ou bien y introduisait une étoupille fulminante. Les deux autres, probablement les conducteurs, ne jouaient aucun rôle dans le service du canon.

L'exercice consistait à simuler la charge et le tir. Les servants manœuvraient, au commandement, avec assez d'ensemble. La charge s'exécutait par temps et en poussant des cris. Les hommes allaient et venaient par sauts et par bonds, gesticulant avec beaucoup d'animation. Celui qui maniait l'écouvillon se faisait particulièrement remarquer sous ce rapport. En somme, la charge n'était qu'une sorte de caricature de ce qui se faisait chez nous au temps des canons lisses. On avait peine à s'empêcher de rire en voyant l'ardeur comique que chacun mettait à s'acquitter de son rôle dans chaque mouvement. Après une dizaine de charges les servants semblaient pas mal essoufflés.

Au commandement de Parmanatchi, on exécuta un changement de postes ; puis on recommença les charges, mais avec moins d'aplomb et en s'embrouillant quelque peu. Ce changement fut renouvelé cinq fois, jusqu'à ce que tout le monde eût passé partout.

Il arriva par hasard qu'un vieux canonnier, chargé du maniement de l'écouvillon, fit tromper tous les autres. A cette vue Djamadar entra subitement dans une colère épouvantable. Il tira son sabre et, ne se connaissant plus, s'élança sur le malheureux en le chargeant d'imprécations. Le pauvre diable, pâle de frayeur, attendait en tremblant le coup mortel. Heureusement tout finit par des menaces.

Une autre fois un des servants frappa violemment à la nuque son camarade porteur du boute-feu, qui négligeait un peu la manœuvre. Ce dernier mit tranquillement le feu à la pièce, se retira d'un pas en arrière, dans toutes les règles et la tête haute ; puis, considérant son rôle comme terminé, il se retourna vers son agresseur, qui portait les gargousses, et lui envoya de toutes ses forces un coup à travers la figure.

Enfin après avoir fait répéter la charge un nombre de fois indéfini, Parmanatchi déclara que la manœuvre était terminée.

Exercices du corps chinois à Kachgar, le 14/26 novembre 1876.

Passant à côté des portes de la forteresse de Yanghi-Hissar, on nous conduisit à l'emplacement occupé par les soldats chinois au service de Yakoub-Bek. Les innombrables guidons que l'on apercevait, indiquaient déjà de fort loin l'endroit où étaient rangés les *taïfourtchis*. Nous arrivâmes bientôt sur une vaste place très-propre dont le fond était occupé par une ligne de troupes, tandis qu'à l'entrée nous attendait, sous un auvent, Dalaï, leur commandant en chef. Au milieu de la place se tenait la musique.

En nous voyant approcher, Dalaï vint à notre rencontre et nous invita à prendre place sur des tapis étendus à l'abri de l'auvent où il était installé. C'était un vieillard de soixante-

six ans, sans moustaches et n'ayant que quelques poils gris
au menton. Il avait l'air fort décrépit, et son visage ridé
présentait le type chinois le mieux caractérisé. Il était richement vêtu d'une robe fourrée en soie verte, de culottes
jaunes très-chaudement garnies de fourrures, et d'un bonnet
conique, également fourré. Sur ses genoux reposait un fusil
à deux coups, d'assez médiocre qualité. Un jeune garçon
kachgarien nous servit d'interprète ; deux ou trois Chinois,
de seize à dix-huit ans, qui portaient à la main des drapeaux de différentes couleurs, faisaient les fonctions d'aides
de camp et transmettaient les ordres aux troupes.

Il y a treize ans, Dalaï commandait la garnison chinoise de
Kachgar, et au commencement de l'insurrection s'enferma
dans le *goulbakh* de Yanghi-Hissar. Yakoub, qui assiégeait
celui-ci et ne pouvait en venir à bout, entra en pourparlers
avec Dalaï, qui racheta sa vie en trahissant son pays et abju-
rant sa religion. Lors du dernier assaut il passa avec ses com-
plices du côté de l'assiégeant, tandis que l'*amban* (gouverneur) de Kachgar se faisait héroïquement sauter avec les
Chinois qui lui étaient restés fidèles.

La situation de Dalaï ne fut pas tout d'abord très-bril-
lante ; mais depuis qu'il est devenu, il y a quelque temps, le
beau-père de Yakoub, il jouit d'une certaine considération,
purement extérieure il est vrai.

Après avoir accepté, suivant l'usage, l'inévitable *dastarkhan*, composé cette fois d'une multitude de plats chinois,
nous nous dirigeâmes vers la droite de la ligne de bataille
formée par les troupes, et nous les passâmes en revue.

Devant le front étaient rangés les *taïfours*, au nombre
de 200, appuyés sur une sorte de râtelier et alignés. Les servants étaient assis deux par deux de chaque côté de leur
arme. Derrière chaque groupe de 5 *taïfours* était assis un
porte-étendard ; tous tenaient en main de grands drapeaux

triangulaires de couleurs variées. Ils étaient alignés entre eux et n'avaient pas d'armes, pas plus que les soldats qui servaient les *taïfours*.

Enfin, plus en arrière était une ligne de tirailleurs armés de fusils à mèche ordinaires, à raison d'un par *taïfour*. Près d'eux étaient une vingtaine de guidons de forme carrée, destinés à effrayer les chevaux de l'ennemi.

Chaque groupe de 5 taïfours constituait une section sur le flanc droit de laquelle était assis son chef, armé d'un fusil à mèche. Pour un certain nombre de sections réunies il y avait, également à la droite, un *youz-bachi* armé d'un sabre et d'un fusil à deux coups.

Ce qui nous frappa en parcourant le front des troupes, fut la laideur et même souvent la difformité des visages de tous ces hommes. Les Chinois purs dominaient, mais il s'y mêlait en quantité notable des métis provenant de l'union d'un Kachgarien et d'une Chinoise, auxquels on donne, par moquerie, le sobriquet de *Katchirs* (1). C'est parmi eux principalement que sont choisis les *dizainiers* et les *youz-bachis*. Entre ces soldats il s'en trouvait de très-jeunes, presque des enfants, mais il y avait aussi des vieillards. En général pourtant l'ensemble était plus jeune que l'infanterie, et particulièrement que les *sarbasses rouges*.

Le costume de ces soldats chinois ne faisait pas moins triste impression que leurs figures : un petit nombre seulement étaient vêtus de robes neuves ouatées, recouvertes de *tchekmen* (2) teinte ; la plupart n'en avaient que de fort sales, presque en lambeaux et de toile grossière. Ils étaient chaussés de souliers à la chinoise, en drap, avec semelle de cuir, fortement éculés. Les coiffures me frappèrent par leur diversité. Ceux en robes de *tchekmen* avaient des bonnets coniques

____

(1) Littéralement : mulets.
(2) Étoffe de coton très-solide qu'on fabrique dans le pays.

bordés de fourrure. Le plus grand nombre se contentaient d'un morceau d'étoffe attaché autour de la tête et dont le nœud faisait saillie près de l'oreille. Enfin quelques-uns étaient coiffés de bonnets ouatés, couverts d'une étoffe rayée, et rappelant assez bien les casques de l'antiquité.

Des quatre servants de chaque *taïfour*, l'un avait une ceinture à laquelle pendaient une dizaine de cartouches en bois; le second tenait l'écouvillon ou baguette, sorte de tige de fer munie d'un bouquet de poils à une extrémité. Elle était fichée en terre à côté du *taïfour*. Les deux autres étaient chargés de porter l'arme et constituaient l'affût vivant sur lequel on la tirait.

Il n'y a pas bien longtemps encore, ces soldats chinois présentaient un aspect beaucoup plus original. Ils avaient des manteaux à larges manches, suivant la mode de leur pays; ils portaient des cuirasses et des peaux de tigre — pour effrayer les chevaux. — Les *taïfours* avaient alors pour soutiens des archers et des lanciers. Les troupes possédaient de nombreux drapeaux de toutes formes et de toutes grandeurs, et la musique se composait d'une quantité d'instruments des plus variés.

Yakoub-Bek obligea tous ces fils du Céleste-Empire, devenus ses prisonniers de guerre, d'embrasser l'islamisme; il leur donna le costume indigène et remplaça les arcs et les lances par des fusils à mèche. De toute leur musique il ne garda que la grosse caisse et le tambour de basque.

L'exercice auquel nous venions assister débuta par le commandement: « *Debout!* » Sur un signe de Dalaï, le porteur de la grosse caisse frappa un coup sur son instrument. Tous se levèrent, placèrent les *taïfours* sur leurs épaules et se préparèrent à marcher.

Puis Dalaï reçut d'un de ses aides de camp deux petits drapeaux, — il me parut y en avoir six, de modèles différents, — en prit un de chaque main et, levant une de celles-ci, porta l'autre en arrière. A ce signal la moitié des *taïfours* firent un à-droite, les autres un à-gauche, et, conversant ensuite en sens opposé, les deux files vinrent se former perpendiculairement aux ailes de l'ancien front. A la tête de chacune d'elles se trouvait un étendard, puis venaient cinq taïfours l'un derrière l'autre, puis encore un étendard, une deuxième section de *taïfours*, etc. Les dizainiers et chefs de sotnias marchaient sur les flancs des unités qu'ils commandaient. Les tirailleurs, avec leurs drapeaux, restèrent en place.

Chaque *taïfour* reposait sur les épaules de deux hommes, dont celui qui marchait devant soutenait l'arme au moyen d'un chiffon lié autour de la bouche du canon. Ce chiffon, qu'on n'enlevait pas au moment du tir, empêchait de viser.

Pendant la marche, la grosse caisse marquait la cadence par des coups sourds assez espacés. En arrivant à hauteur des musiciens, les deux lignes de *taïfours* tournèrent à droite et à gauche, vinrent se rejoindre au milieu et continuèrent le mouvement jusqu'à ce que chacun se retrouvât à la place qu'il occupait tout d'abord. Dalaï tint son drapeau levé jusqu'à la fin de cette manœuvre qui, grâce à la lenteur de la marche et aux coups sourds de la grosse caisse, ressemblait bien plus à une marche funèbre qu'à un exercice militaire. Quand la queue d'une colonne s'attardait un peu, le joueur de caisse, sur l'ordre de Dalaï, accélérait la mesure, sur quoi les Chinois pressaient également le pas. Peu à peu, les coups se précipitant, ce devint une sorte de roulement et les soldats qui n'avaient pas encore terminé leur mouvement prirent le pas de course. Enfin tous se retrouvèrent à leurs places; Dalaï baissa la main et la manœuvre fut terminée.

Une seconde évolution consista dans une marche en avant et en arrière, avec déploiement de tirailleurs. On avançait soit en tirant, soit sans tirer. Dans les deux cas les cinq *taïfours* de chaque section marchaient en file l'un derrière l'autre, les têtes des sections s'alignant entre elles. Les tirailleurs suivaient derrière, et lorsque les *taïfours* s'arrêtaient, ils s'élançaient en avant pour les couvrir. Plus en avant encore couraient quelques Chinois munis de drapeaux qu'ils agitaient vigoureusement. Au commandement : « *Tirez*, » donné au moyen d'un drapeau et qui ne s'adressait qu'aux tirailleurs, ceux-ci faisaient feu ; puis au commandement : « *Cessez le feu*, » ils poussaient des cris et agitaient leurs fusils. Les Chinois porteurs de drapeaux qui se trouvaient en avant de la ligne, s'asseyaient à terre et les agitaient encore plus violemment. Les tirailleurs étaient censés repousser une charge de cavalerie.

Pour exécuter une marche offensive en faisant feu, les *taïfours* têtes de colonne s'arrêtaient quelques secondes, tiraient un coup, puis les autres faisaient de même successivement en se portant chacun à leur tour à la tête de la section. Les deux porteurs de l'arme s'arrêtaient pour le tir, pliant un peu le dos et portant un pied en avant. Le premier serrait le *taïfour* contre son épaule au moyen du chiffon, tandis que l'autre le tenait des deux mains à la poignée. Malgré le poids considérable de ces gros fusils, leur recul est très-sensible. Il arrive parfois que, dans le tir à balle, ils font perdre l'équilibre à leurs affûts vivants. Pour diminuer ce recul, on réduit la charge, ce qui affaiblit la portée et la précision. Du reste on s'inquiète assez peu de celle-ci, car on tire presque sans viser. Après quelques coups, les servants changent de poste.

Dans le feu en retraite par sections, les *taïfours* se retiraient l'un derrière l'autre. Chacun, après avoir fait feu, se portait en courant à la queue, devenue tête, de sa section. Le suivant tirait, exécutait le même mouvement, et ainsi de suite. Quelques-uns des chefs de section, pour accélérer le tir, administraient des coups de bâton aux soldats qui se trouvaient auprès d'eux, frappant indifféremment sur le dos, les épaules ou même la tête.

Le feu cessa à un signal donné par le tambour de basque. Les Chinois pensent que le son perçant de cet instrument muni de grelots, peut dominer le bruit de la fusillade.

Après avoir remercié Dalaï de la satisfaction qu'il nous avait donnée, et lui avoir exprimé, suivant l'usage, notre admiration pour ses soldats et notre plaisir d'avoir eu l'occasion de faire connaissance avec un aussi fameux capitaine, nous nous préparâmes à prendre congé. Le général chinois reçut nos compliments avec une joie visible ; un sourire de contentement illumina sa figure cadavérique, et il nous déclara que dans la troupe que nous venions d'inspecter se trouvaient des guerriers toujours au feu depuis déjà vingt années ; ajoutant que Yakoub-Bek pouvait hardiment compter sur la force et la bravoure de ses *taïfourtchis*.

Nous écoutâmes les louanges que Dalaï se décernait ainsi, et lui fîmes nos adieux, emportant la ferme conviction qu'il suffira d'une sotnia de nos braves cosaques pour mettre en fuite et anéantir en rase campagne tous les Chinois qu'il nous avait montrés. Encore, en pareil cas, les nôtres n'éprouveraient-ils que bien peu de pertes ; car, n'ayant pas d'armes blanches, les Chinois seront dans l'impossibilité de se défendre.

Voici quel pouvait être l'effectif des troupes que nous venions de voir manœuvrer :

Taïfours.	200 hommes
Servants.	800 —
Guidons de section.	40 —
Chefs de section.	40 —

Chefs de sotnia.	8	hommes
Tirailleurs.	200	—
Porte-étendards.	20	—
En tout.	1.108	hommes

Quelques mots sur les marches militaires
des troupes kachgares.

Lorsqu'il s'agit de parcourir une faible distance, comme, par exemple, de 50 à 100 verstes, l'infanterie marche à pied. Si le parcours est plus considérable on la transporte sur des chevaux et, à défaut de chevaux, sur des voitures. Chacune de celles-ci, attelée à trois, peut porter jusqu'à 10 hommes. Animaux et voitures sont fournis en partie par les habitants, quelquefois gratis, et le reste est acheté. Dans une marche exécutée par des troupes se rendant de Kachgar à Karachar (100 verstes), une faible partie seulement des fantassins furent portés sur des voitures, les autres furent momentanément transformés en dragons, en prenant ce mot dans le sens d'infanterie portée sur des chevaux.

La rapidité de marche des troupes varie suivant les besoins. On peut admettre qu'en moyenne elle est de 25 verstes par jour. Ainsi dans les circonstances ordinaires, la distance de Kachgar à Aksou, qui est de 436 verstes, est franchie en 18 jours, et en 12 s'il s'agit d'une marche forcée.

Dans ces marches les troupes s'avancent par échelons, et s'arrêtent aux stations ou gîtes d'étapes organisés par Yakoub-Bek. Dans les centres de population les habitants fournissent aux soldats le fourrage, le combustible et la viande, souvent gratis. Lorsqu'il s'agit de traverser des régions désertes, les troupes sont suivies par un ou plusieurs marchands transportant toutes les provisions nécessaires à leur subsistance.

Ces marchands soumissionnent en quelque sorte la fourniture, aux corps, du pain, du fourrage et parfois du bétail. En outre une partie du blé, du maïs et de l'orge est portée sur des voitures appartenant à l'État. La plupart du temps les *pansats* seuls ont affaire aux soumissionnaires. Ils reçoivent les vivres et le fourrage, puis les répartissent entre les *youz-bachis*, qui distribuent ensuite les rations à leurs soldats pour un ou plusieurs jours.

En arrivant au bivac, les marchands qui suivent ainsi l'armée ouvrent une sorte de bazar, où les soldats peuvent s'acheter des galettes, des pâtés, du thé etc. En général le service des subsistances est très-mal organisé dans les troupes kachgares, et souvent en campagne il leur faut souffrir de la faim.

Un des plus graves soucis de Yakoub-Bek est de leur assurer l'eau nécessaire dans les marches à travers les régions arides de la Kachgarie. Sur la route de Kachgar à Karachar par Aksou, il a résolu cette difficulté en établissant des stations de halte intermédiaires, pourvues de puits ou réservoirs dans lesquels se conserve l'eau des pluies du printemps. Sur ce parcours, du reste, l'étendue du trajet en pays dépourvu d'eau ne dépasse pas 45 verstes. Mais de Karachar à Kounia-Tourfan, il y a deux longues étapes à faire dans une contrée sans eau, où l'on ne rencontre que quelques puits très-profonds et très-peu abondants. Les troupes y transportent avec elles de l'eau, dans des outres en cuir de bœuf russe portées par des chameaux.

Lorsqu'on exécute des marches pendant l'été, les troupes se reposent souvent pendant le jour, à cause des fortes chaleurs, et font leur étape pendant la nuit.

Tactique des troupes kachgares.

En approchant de l'ennemi, on commence d'abord par envoyer en avant des corps de cavalerie pour explorer le terrain. L'infanterie laisse ses chevaux et ses voitures au parc, à la protection duquel une forte garde est affectée. On continue ensuite d'avancer, la cavalerie marchant sur les flancs de la colonne formée par l'infanterie et l'artillerie. Le train reste en place.

Puis on se forme en *ordre de combat*. L'infanterie et l'artillerie se rangent sur une ou plusieurs lignes. Dans les intervalles entre les pièces se placent de 40 à 60 fantassins. La plus grande partie de la cavalerie se tient en réserve. Suivant les besoins on allonge la ligne de bataille par les deux ailes. Tant que le combat ne s'échauffe pas, les troupes avancent progressivement. Puis, la plupart du temps, les soldats des deux partis finissent par se confondre dans une masse générale et confuse qui, semblable à un essaim d'abeilles, va et vient tantôt d'un côté, tantôt de l'autre. Yakoub-Bek a parfaitement compris l'importance de pouvoir, en un pareil moment, disposer d'une réserve, et c'est ce qui lui a souvent assuré l'avantage sur ses adversaires plus nombreux, mais moins expérimentés. Ces réserves sont formées de troupes d'élite, généralement de cavalerie.

La mission de cette arme dans l'offensive et le combat sur place consiste, d'après les militaires kachgares, à protéger les canons contre la cavalerie de l'ennemi. Pour cela on la porte, par petits groupes, en avant des flancs et du front, à des distances qui varient de 200 à 600 pas. Dans le combat elle agit principalement par son feu, se déployant quelquefois de manière à former une chaîne de tirailleurs ; les petits détachements portés en avant engagent la fusillade avec les troupes adverses.

Le tir à cheval s'exécute non-seulement comme feu individuel, mais aussi par rangs entiers. Les chevaux que j'ai vus sont parfaitement habitués aux détonations. Néanmoins le tir à cheval est considéré comme peu précis, et toutes les fois que c'est possible, les hommes mettent pied à terre pour faire feu.

Dans les combats défensifs, la cavalerie combat à pied par corps entiers ; le quart des hommes seulement étant employés comme gardes-chevaux.

Mais le rôle véritable de la cavalerie commence réellement à l'instant où l'ennemi paraît fléchir. Alors, jetant sur l'épaule le fusil qu'ils portent ordinairement à la main, et tirant leurs sabres, les cavaliers s'élancent en avant et non-seulement achèvent la victoire, mais parfois exterminent jusqu'au dernier les soldats de l'armée vaincue.

Pour résister aux charges exécutées par un ennemi en forces supérieures, la ligne de bataille formée par l'infanterie, la cavalerie et l'artillerie, se ploie en un carré, à tous les angles duquel on place des canons.

Les Kachgariens professent un profond mépris pour les *taïfourtchis*, qu'ils trouvent gênants dans une action parce qu'on ne sait où les placer, et même nuisibles, parce qu'ils sont les premiers à tourner le dos. Yakoub-Bek a depuis longtemps compris leur entière inutilité et par suite s'efforce de les faire disparaître. De plusieurs milliers de ces soldats qu'il s'était trouvé posséder au début, — 10.000, nous a-t-on dit, mais c'est une exagération évidente, — il n'a conservé que quelques centaines de Chinois et de Dounganes, et nous avons vu qu'aux *taïfourtchis* chinois, on avait déjà donné des fusils à mèche. On en a fait de même pour la plupart des soldats dounganes, auxquels on a enlevé les *taïfours*, que l'on a remplacés par des fusils à mèche, devenus libres depuis l'armement d'une partie de la cavalerie et des sarbasses avec des fusils à percussion et à tir rapide. Les Dounganes ainsi armés ont déjà été portés à la frontière et constituent la garnison de Kounia-Tourfan.

Ressources militaires de Yakoub-Bek.

Le souverain de la Kachgarie possède dans les différentes villes de son empire des ateliers pour la confection de l'habillement et de l'équipement, des manufactures d'armes et des poudreries, des arsenaux et magasins pour conserver tout son matériel de guerre. Les ateliers de l'État ne confectionnent que les caftans pour les sarbasses, les bonnets et une partie des blouses. La plupart de celles-ci sont, ainsi que le linge, demandées à l'industrie privée du pays et fournies à Yakoub, souvent à titre gratuit, par les différents beks. Parmi les matières premières employées pour l'habillement il faut mentionner le drap, de provenance russe ou anglaise, et la martre russe employée pour la fourrure des robes et des bonnets.

Il existe trois manufactures d'armes : à Kachgar, Aksou et Kourla. Il paraît qu'il y en a encore une autre à Yarkend. Ces manufactures fabriquent les fusils à percussion du modèle Enfield dont sont armées les troupes de Yakoub-Bek.

Il en est de deux sortes : des longs et des courts, comme je l'ai dit au chapitre de l'armement. Quelques-uns sont munis de rayures rectilignes au nombre de trois ou quatre, avec des cloisons d'une largeur égale.

A Kachgar travaillent trente ouvriers qui peuvent confectionner jusqu'à cinq fusils par semaine.

Parmi les ouvriers de la manufacture d'Aksou, on compte sept Hindous ; cet établissement ne produit qu'un fusil par semaine.

La manufacture de Kourla est dirigée par un Kalmouk, émigré de Kouldja. Elle prépare de très-bons fusils.

C'est du reste à Kourla qu'on envoie les fusils à percussion que confectionnent les manufactures d'Aksou et de Kachgar. Ils sont conservés dans l'arsenal de la ville. Nous y vîmes, lors de notre séjour, distribuer aux troupes deux à trois cents fusils à percussion de fabrication indigène.

La Kachgarie ne possède pas de fonderie de canons permanente. La fonte des pièces se fait suivant les besoins, à Yanghi-Hissar, sous la direction d'un maître ouvrier du Kokand, Abdrachit, qui réunit dans ce but les ouvriers fondeurs de Kachgar. Le cuivre est fourni principalement par la province d'Aksou. L'un des instructeurs turcs, Mamadou-Effendi, avait été chargé du soin de fondre des canons rayés ; mais cet essai n'a pas réussi, une des pièces ayant éclaté et le fond d'une autre ayant sauté au premier coup qu'elles tirèrent.

On fait de la poudre dans toutes les grandes villes de Kachgarie. A Kachgar, les magasins de l'État en reçoivent chaque semaine cinq *tchariks* (50 kil.). De plus, beaucoup de *pansats* ont leurs petites poudreries particulières, avec deux ou trois batteries de pilons, pour fabriquer la poudre nécessaire à leurs troupes. Quelques-unes de ces usines font de la poudre de qualité très-satisfaisante.

Le plomb et le soufre se rencontrent en assez grande quantité sur divers points de la chaîne de montagnes qui borde la Kachgarie. Les mines de plomb les plus riches sont situées dans la province de Kachgar ; les gisements de soufre les plus abondants, dans celle de Koutcha. Le salpêtre fait très-souvent défaut. Des nitrières, tout à fait insignifiantes, se trouvent près de Baï, au village de Kouchtam et sur la route de Kourla à Karachar, au lieu dit : Dan-Lan-Za.

Une capsulerie donnant de très-bons produits a été organisée à Kachgar, sous la direction d'un Turc.

Les fusils à mèche et les sabres sont fabriqués par l'industrie privée locale.

Nulle part je n'ai entendu dire qu'il existât dans le pays des ouvriers anglais.

Les cartouches pour les fusils rayés à percussion sont confectionnées dans les corps. Elles sont très-bien faites et rappellent tout à fait celles dont nous faisions usage pour nos fusils du calibre de 6 et 7 lignes ($0^m,015$ et $0^m,018$). C'est au point qu'à Kourla, sur la prière des djighites kachgares qui nous escortaient, je leur donnai trente-six de ces cartouches provenant de cosaques sibériens. Et ces djighites purent, à la revue que leur passa Yakoub-Bek, présenter les cartouches russes au lieu de celles qu'ils avaient brûlées pendant la route.

Les cartouches pour fusils à mèche ne contiennent, la plupart du temps, que la poudre, enveloppée dans un papier grossier. Les balles sont portées à part dans un petit sac de cuir suspendu à la ceinture.

Les cartouches pour les fusils à chargement par la culasse sont d'importation étrangère. On en manque souvent, et on nous a dit qu'on organisait à Kachgar un atelier pour les recharger.

Nous n'avons pu savoir où se fondent les projectiles des canons lisses. Quant aux huit canons rayés venus par l'Inde, Yakoub a reçu en même temps qu'eux 2.000 obus.

LES FORTERESSES DE LA KACHGARIE (1)

La place de Yanghi-Hissar.

C'est le point le plus solidement fortifié de tout le pays, et le seul qui mérite le nom de forteresse. Construite par les Chinois, à 7 verstes seulement de Kachgar, elle était la citadelle ou *goulba h* qui leur servait à maintenir la capitale dans l'obéissance. Sa forme est celle d'un polygone irrégulier, qui se rapproche assez d'un quadrilatère d'environ

(1) Description succincte de toutes celles que l'auteur a visitées.

300 sagènes (640 mètres) de côté. La fortification se compose d'un rempart, d'un mur défensif et d'un fossé pourvu de manœuvres d'eau.

Le rempart est en terre battue, de 5 sagènes (près de 11 mètres) d'épaisseur. Il forme un terre-plein sur lequel on peut circuler en voiture et que borde un mur crénelé garni d'embrasures. Celui-ci, formé d'argile battue, est épais d'une sagène et s'élève à deux sagènes au-dessus du terre-plein, qui lui-même est à 4 et demi au-dessus du sol naturel. Les talus intérieur et extérieur du rempart sont inclinés à deux de hauteur sur un de base.

Le fossé est large de 4 sagènes et profond d'autant. Au fond coule une cunette d'environ 5 pieds de profondeur. L'inclinaison naturelle des talus de ce fossé permet d'y descendre facilement et d'escalader le mur défensif. Les écluses sont alimentées par la petite rivière Ighitz, qui pénètre dans la place par le côté ouest, l'arrose et remplit un grand étang creusé à l'intérieur. Outre cet étang il paraît que la forteresse renferme aussi des puits. L'Ighitz est bordé par une digue en terres rapportées qu'il serait facile de détruire. Des tours en saillie permettent le flanquement du fossé, dont la défense est très-mal assurée dans les angles.

Au delà (1) du fossé, au sommet de son escarpe, court un petit mur défensif de plus d'une sagène de haut, mais d'une épaisseur tellement faible qu'il n'arrêterait même pas les balles d'une arme rayée. A hauteur d'homme y sont pratiquées des meurtrières. Il serait difficile de donner l'assaut au rempart principal avant d'avoir renversé ce mur, derrière lequel est ménagé un chemin de ronde large de 10 sagènes.

Une seule porte située du côté nord donne entrée dans la place.

(1) Au delà, pour un ennemi venant de l'extérieur.

Lors du séjour, à Kachgar, de l'ambassade que nous y envoyâmes en 1872, le colonel Kaulbars et le capitaine Startzef dressèrent le plan et des profils très-bien faits de la forteresse de Yanghi-Hissar. Si l'on en juge d'après ces dessins, les glacis étaient beaucoup mieux organisés à cette époque qu'en 1876.

Nous avons trouvé un bâtiment considérable nouvellement construit sur le bord de l'Ighitz, à cinquante pas des remparts. En outre, du côté nord, les casernes, qui jadis étaient éloignées du fossé d'au moins deux cents pas, se sont développées en face de la porte au point de n'en être plus qu'à cent pas, et en certains endroits, qu'à soixante. Ce sont de nombreuses constructions que la défense ne pourrait pas facilement détruire, et qui présentent quelques points où il serait commode d'établir des batteries sans éprouver de grandes pertes.

La garnison renfermée dans la place se compose d'un millier de soldats. Trois mille hommes sont en outre logés dans les casernes ou *kourgantchas* qui l'entourent. Il n'y a pas de canons sur les remparts. Nous n'avons vu à l'intérieur de la forteresse que huit pièces de divers modèles et un mortier d'un calibre un peu plus fort que ceux de 5 pouds (1).

Fortifications de la ville de Kachgar.

La ville de Kachgar est, comme nous l'avons dit, située à sept verstes et demie au nord-ouest de la forteresse que nous venons de décrire. Elle est entourée d'un mur de construction chinoise d'une longueur d'environ trois verstes, et dont le tracé représente un polygone irrégulier. Des tours nombreuses permettent le flanquement du fossé. Ce mur est assez bien entretenu ; mais sur presque toute sa longueur il

(1) Les mortiers russes de 5 pouds ont un diamètre de 9 p. 15 l., soi : 334 millimètres.

n'existe pas de banquette en arrière et la défense n'en est possible qu'au moyen des tours.

De plus, les fortifications de Kachgar n'ont pas de glacis et l'on peut approcher jusqu'à cinquante pas du mur, sans s'exposer aux coups. Enfin l'armement se compose uniquement de *taïfours*.

Une fois prise la forteresse de Yanghi-Hissar, *on peut compter que Kachgar se rendra sans résistance.*

Fort de Maral-Bachi.

Ce fort occupe un point stratégique très-important où se réunissent les routes qui vont de Khotan, Yarkend et Kachgar à la ville d'Aksou. Il est situé à mi-chemin entre ces deux dernières, et sur le cours du Kachgar-Daria, rivière qui près de sa source porte le nom de Kyzyl-Sou.

Maral-Bachi est également de construction chinoise. C'est un pentagone d'environ cent vingt sagènes de côté. L'épaisseur du rempart, en terre battue, atteint trois sagènes pour une hauteur égale. Aux angles sont des arrondissements en saillie surmontés par de hautes tours ; en outre il existe au milieu de chaque face de petites caponnières en argile.

Au pied de la contrescarpe est établi un petit mur défensif. Le fossé, d'une profondeur de deux sagènes, est pourvu de manœuvres d'eau. Dans le fond sont plantés des pieux. Je n'ai pas vu de canons, quoique chacune des tours d'angle ait des embrasures.

La face de l'est présente une porte. Devant elle, en dehors de la fortification, se trouve un caravansérai destiné à la réception de Yakoub-Bek lors de ses voyages. Ce bâtiment et la mosquée située vis-à-vis, rétrécissent beaucoup le glacis et constituent des emplacements très-commodes pour y établir des batteries.

Ces fortifications, assez étendues pour contenir un millier d'hommes, ne sont défendues en tout que par une centaine de sarbasses, armés principalement de fusils à mèche. Quelques *taïfours* disséminés sur les murs tiennent lieu d'artillerie.

Fortifications d'Aksou.

La ville d'Aksou est entourée d'un petit mur d'environ deux sagènes de hauteur, avec banquette, et bien entretenu. Le long de la portion ouest du mur extérieur est creusé un étroit fossé au fond duquel coule un mince ruisseau. Nulle part il n'existe de glacis. Quatre portes donnent entrée dans la ville.

En dehors des murs se trouvent deux forts détachés ou citadelles : l'ancienne, construite par les Chinois; la nouvelle, qu'a fait élever Yakoub-Bek il y a peu de temps.

La vieille citadelle est au nord d'Aksou, sur l'escarpement au pied duquel s'étend la ville. Elle a un fort commandement aussi bien sur celle-ci que sur la citadelle neuve ; mais elle est abandonnée aujourd'hui par suite de l'impossibilité d'y amener de l'eau, et il est bien aisé de s'en rendre maître. Il faut s'en approcher par le nord. Une fois en possession de ce point dominant, on peut s'emparer de la nouvelle citadelle et de la ville par un simple bombardement.

Cette nouvelle citadelle est à l'ouest d'Aksou. Une partie de ses murs sont construits en briques cuites, que nos canons de montagne de 3 suffisent pour percer. On y pénètre par une porte massive qui s'ouvre du côté de la ville. Pas de glacis autour des murailles. A l'intérieur réside le khakim d'Aksou et loge une partie de la garnison. On y trouve aussi des magasins et la manufacture d'armes.

On aperçoit encore en dehors de la ville deux casernes

construites tout auprès, et un peu plus loin une vaste place très-propre qui sert de terrain de manœuvre.

Aksou est défendu par trois à quatre cents *sarbasses*, avec deux canons et mille recrues récemment incorporées.

Fortifications de Koutcha.

La ville de Koutcha est entourée depuis peu de temps d'un mur en argile battue, avec meurtrières et tours flanquantes. Les murailles sont minces ; le fossé a quatre sagènes de profondeur sur trois de large. Le haut de l'escarpe est garni d'un petit mur défensif, derrière lequel règne un chemin de ronde assez étroit. La ville a deux portes : à l'ouest et à l'est. Cette dernière est mal protégée et peut être prise de vive force.

Sur la face ouest le fossé est quelque peu comblé et l'on peut le traverser sans échelles. Dans le le fond est pratiquée uue petite cunette pleine d'eau qui se trouvait gelée lors de notre visite.

Les côtés nord, est et sud n'ont pas de glacis. En avant de la face nord est un cimetière qui commande fortement une portion du mur. Devant la face ouest est une vaste place qui constitue un très-beau glacis de ce côté.

A l'intérieur de la ville, à cent cinquante ou deux cents pas en dedans du nouveau mur, on retrouve l'ancien qui, par endroits, est presque entièrement détruit.

La garnison de la ville se compose de quinze cents hommes, avec deux canons. Sur ce nombre, un millier, qui sont uniformément vêtus et bien armés, quoique beaucoup n'aient que des fusils à silex, sont de Khotan et doivent au printemps de cette année (1877) se rendre a l'armée qui défend la frontière. Les cinq cents autres soldats sont, pour la plupart, des recrues.

Fortifications de Kourla.

Kourla a été entourée il y a quelques années d'un mur très-convenablement bâti, mais mince et sans flanquement. Le diamètre de cette ville est d'environ une demi verste (500 mètres). La rivière Khoïdyn-Koua baigne les côtes ouest et sud de l'enceinte. A une demi-verste à l'est de la ville se trouve l'*ourda*, ou citadelle, ayant la forme d'un carré de soixante-dix sagènes (150 mètres) de côté. Elle est entourée d'un mur avec des saillants arrondis aux angles, et d'un petit mur défensif qui n'a qu'une sagène de hauteur, tandis que le mur principal en a deux. Ce dernier est très-mince. Une porte donne entrée dans la citadelle par le côté qui regarde la ville.

La garnison de l'*ourda* est de six cents soldats, avec trois canons.

Outre les places fortes que je viens de mentionner, j'ai visité encore toute la ligne des postes établis depuis la rivière Kok-Sou (frontière du territoire russe de Fergan et de la Kachgarie), jusqu'à la ville de Kachgar. Tels sont : Irkechtam, Eghin, Nagtcha, Tchaldy, Machroup, Oksalyr, Kan-Djougan et Min-Youl. Tous sont organisés d'après un type uniforme et consistent en un carré de quinze à vingt sagènes de côté, avec arrondissements en saillie aux angles et petit mur défensif à hauteur d'appui. Quelques-uns ont un fossé. Les murs, en argile battue, sont très-minces. L'armement se compose de quelques *taïfours*, et l'effectif des garnisons varie de vingt à quatre-vingts hommes.

Pour se rendre maître de chacun de ces postes à force ouverte, il suffit d'un peloton d'infanterie muni d'une poutre pour enfoncer la porte ou la muraille. Le poste d'Ouloug-tchat que j'ai rangé parmi les forteresses, est un peu plus important. C'est toujours le même type ; mais la longueur de la face atteint quarante à cinquante sagènes, et l'effectif de la garnison s'élève à cent cinquante hommes.

Enfin parmi les villes que nous avons parcourues, celle de Baï n'est défendue par aucune fortification.

Effectif et dislocation des troupes kachgares au 1er février 1877.

J'ai classé les données qui vont suivre en deux catégories, d'après leur caractère d'authenticité. L'une comprend les chiffres relatifs aux troupes stationnées sur les points du territoire que j'ai visités moi-même. L'autre renferme les renseignements recueillis sur celles que je n'ai pu voir. La première se rapporte aux effectifs des garnisons de Kachgar, Maral-Bachi, Aksou, Baï, Koutcha, Kourla, Karachar et de tous les postes entre Goultcha et Kachgar. Dans la seconde on trouvera ce qui a trait aux troupes rassemblées par Yakoub-Bek sur la ligne frontière, à Togsoun, Divantchi, Kounia-Tourfan, et dans les provinces de Yarkend et de Khotan.

PREMIER TABLEAU

GARNISONS DES POINTS QUE NOUS AVONS VISITÉS

Ville de Kachgar :

Sous le commandement du fils aîné de Yakoub-Bek, Bik-Kouly-Bek :

Sarbasses.	2.000 à 2.200	Un tabor d'infanterie est armé de fusils rayés. Le reste des fantassins en a de diverses sortes, parmi lesquels beaucoup à mèche.
Djighites.	1.000	
Chinois et Dounganes (*taïfourtchis*).	1.000	
Sarbasses et Djighites aux ordres d'Aldach, khakhim de Kachgar, constituant la garnison proprement dite de la ville.	600	Les fusils de la cavalerie sont principalement à percussion, et quelques-uns à tir rapide. Une partie du corps d'Aldach est armée de fusils à tir rapide (j'en ai vu jusqu'à 30) ; les autres soldats en ont de plusieurs espèces, parmi lesquels il s'en trouve aussi à mèche.

En tout de. . . . . 4.600 à 4.800 hommes avec 20 canons.

Fort de Maral-Bachi :

Djighites.	300 hommes	Les sarbasses sont armés de fusils à mèche Les djighites sont partis pour la frontière avec le khakim de Maral-Bachi, et leur armement ne m'est pas connu.
Sarbasses.	100 —	

Ville d'Aksou :

Sarbasses.	1.400 hommes	Sur ce nombre il n'y a que 300 anciens soldats. Les autres sont des recrues L'armement se compose de fusils, partie à percussion, partie à mèche.
Djighites.	100 —	

1.500 hommes et 2 canons.

Ville de Baï :

Djighites et Sarbasses. . 400 hommes   Dont 300 recrues. Ces hommes sont armés pour la plupart de fusils à mèche.

Ville de Koutcha :

Sarbasses. . . . . 500 hommes   Parmi les sarbasses se trouvent bien 200 recrues. Les 1.000 djighites, bien instruits et uniformément équipés. sont. venus de Khotan et ont passé l'hiver à Koutcha. Au printemps ils partiront probablement pour la frontière. Une partie sont armés de fusils à silex. Il y en a aussi beaucoup à percussion.

Djighites. . . . . . . 1.000   —

1.500 hommes
avec 2 canons.

Ville de Kourla :

Sarbasses constituant la garnison de *l'Ourda* (citadelle). . . . . 600 hommes avec 3 canons.   Yakoub-Bek a fait venir les djighites de Togsoun pour faciliter leur subsistance. 600 d'entre eux ont été envoyés à Koutcha pour le même motif. Au printemps tous retourneront de nouveau à Togsoun ou à Koumia-Tourfan.

Djighites au camp. . . . 1.500 hommes

Postes et petits forts dans les montagnes :

Djighites et Sarbasses. 1.500 hommes   L'armement de ces troupes consiste en fusils, partie à percussion, partie à mèche.

(Nous avons visité les postes d'Irkechtam, d'Eghin, de Machroup, d'Oksalyr, de Kandjougan, de Min-Youl et la place forte d'Ouloug-tchat. Dans cette dernière la garnison est de 150 hommes, tandis que celle des autres points varie de 20 à 100 hommes.)

DEUXIÈME TABLEAU

TROUPES STATIONNÉES EN DES POINTS QUE NOUS N'AVONS
PAS VISITÉS

*Armée rassemblée par Yakoub-Bek sur la frontière,
pour lutter contre les Chinois.*

Au fort de Divantchi :

Djighites (2 *pansats*). .	900 hommes et 2 canons.	Armés de fusils à tir rapide (système Snider). Un des canons se charge par la culasse, l'autre par la bouche. Tous deux sont rayés, du calibre de 3 livres, et traînés par un cheval chacun.

Ville de Kounia-Tourfan :

Sous le commandement de Khakim-Khan-Touria :

Djighites (8 *pansats*)...	3.500 hommes	Une partie de la cavalerie est
Sarbasses.	5 000 hommes et 2* canons de différents modèles.	armée de fusils à tir rapide, une partie de l'infanterie de fusils à percussion rayés et à percussion de fabrication indigène. Les autres armes sont des fusils à mèche.
Milice doungane.	10.000 hommes	Ces Dounganes ont été levés récemment pour la défense de la ville. Ils sont peu sûrs, mal armés et sans discipline.

Place forte de Togsoun :

Sous le commandement du second fils du Badaoulet, Khan-Kouly-Bek :

Djighites (9 *pansats*)... 4.000 hommes
Sarbasses. . . . . 2.000 hommes et 5 canons se chargeant par la culasse (1).

Une partie de la cavalerie est armée de fusils à tir rapide; la plus grande partie de l'infanterie, de fusils à percussion. Les canons ne peuvent fonctionner par suite de dégradations au mécanisme de fermeture ou peut-être parce qu'on manque de projectiles.

Dans la province de Yarkend :

Djighites et sarbasses. . 4.000 hommes

Ces chiffres n'ont qu'un caractère de probabilité.

Dans la province de Khotan :

Djighites et sarbasses. . 3.000 hommes

Ces chiffres n'ont qu'un caractère de probabilité.

En somme :

Djighites. . . . . . . 13.000 hommes
Sarbasses. . . . . . . 12.000 hommes
Djighites et sarbasses. . 10.000 hommes
Taïfourtchis dounganes et chinois. . . . . . . 1.000 hommes
Milice doungane. . . . . 10.000 hommes

Ces troupes possèdent 60 bouches à feu de modèles divers.

L'effectif total des troupes de Yakoub-Bek s'élève à 35.000 soldats et 10.000 miliciens.

Ces chiffres représentent le maximum des forces dont Yakoub-Bek peut disposer pour maintenir l'ordre à l'intérieur de son vaste empire, garder ses frontières du côté des possessions russes et lutter contre les Chinois. Les troupes qu'il oppose à ces derniers, et qui sont concentrées dans la ville de Kounia-Tourfan et les forteresses de Togsoun et Divantchi, se composent de 7.000 *sarbasses*, 7.500 *djighites* et 27 canons; plus 10.000 hommes de milice doungane. Cette armée a dû s'augmenter, au mois de mars ou d'avril

(1) D'après d'autres renseignements, deux se chargent par la bouche. Tous les canons sont rayés.

1877, de 1.500 *djighites* venus de Kourla, et de 1.000 autres
appelés de Koutcha ; ces derniers recrutés dans le Khotan.
Yakoub-Bek s'était vu obligé de reporter ces deux corps momentanément en arrière à cause de la famine qui, en novembre 1876, s'était déclarée dans la province de Kounia-
Tourfan.

Au 1er janvier 1877, les troupes échelonnées le long de la
frontière se trouvaient, par suite de la nécessité d'assurer
leur subsistance, réparties entre Divantchi, Kounia-Tourfan, Togsoun, Chak-Tal, Ourtantcha-Taoulga, Karachar et
Kourla.

Il est arrivé dans cette dernière ville avec le Badaoulet,
3.000 *djighites* sur lesquels 600 hommes ont été envoyés à
Koutcha pour y toucher des vivres. Mais après l'arrivée des
approvisionnements sur la ligne frontière, 1.000 hommes
étaient déjà retournés à Togsoun le 1er février.

Pendant l'hiver dernier (1876 à 1877), les troupes stationnées sur la frontière étaient dans une situation fort misérable. La plupart des soldats logés sous la tente par un froid
de 20°, n'avaient ni vêtements suffisamment chauds, ni, le
plus souvent, de combustible.

Le point le plus avancé occupé par les Chinois au 1er/13 février 1877, était la ville d'Ouroumtchi où ils avaient une
avant-garde de 6.000 hommes.

Conclusion.

Les troupes de Yakoub-Bek ne sauraient en aucune façon
être mises en parallèle avec des troupes européennes. Nous
ne pouvons les apprécier qu'en les comparant avec celles
des autres pays indépendants de l'Asie, auxquelles nous
nous sommes déjà trouvés obligés d'avoir affaire.

Par sa composition, l'armée kachgare est plus hétérogène

que celle de Boukharie. Par son armement et son instruction militaire, elle lui est bien supérieure, comme à celle des autres khanats. La cavalerie kachgare en particulier est excellente, comparée avec les hordes confuses et mal armées des cavaliers que nous avons eus pour adversaires dans l'Asie centrale.

D'un autre côté, l'esprit dont sont animés les soldats de Yakoub, ne peut être considéré comme favorable pour une guerre défensive opiniâtre. Les abus qui accompagnent le recrutement obligatoire, les irrégularités dans le payement de la solde, les privations qu'il faut endurer sur la ligne frontière, la présence d'une masse d'*Andijaniens* qui, depuis les premiers échecs du Badaoulet, sont tout prêts à l'abandonner pour retourner chez eux avec le butin qu'ils ont amassé en Kachgarie ; enfin la guerre contre les Chinois, dont l'issue semble à presque tous fort douteuse : toutes ces causes ont amené dans les rangs des soldats de Yakoub des désertions nombreuses et qui deviennent chaque jour plus fréquentes.

Nous n'avons pas vu les troupes chinoises opposées à l'armée kachgare, et nous ne nous permettrons pas de prononcer sur leur valeur. Nous ne voulons donc pas préjuger la question de savoir quel parti sera victorieux dans la lutte actuelle. Remarquons seulement que pour la soutenir, Yakoub a mis en œuvre tous ses moyens et se trouve à la dernière limite de ses efforts, tandis que les forces du Céleste-Empire s'accroissent d'un jour à l'autre.

Nous avons également tout lieu de croire que la première défaite sérieuse éprouvée par Yakoub, peut être le signal d'une révolte contre lui de la population du pays, accablée d'impôts insupportables et au milieu de laquelle règne une fermentation des plus violentes contre l'ordre de choses établi. Ajoutons à ce propos que les Chinois profitent très-

adroitement du mécontentement des troupes et du peuple
vis-à-vis de leur souverain. Tous les déserteurs sont parfaitement accueillis au camp chinois, et on leur confère à
l'avance différentes fonctions à remplir plus tard dans les
villes de Kachgar, Aksou, Yarkend et autres.

Quant à la résistance à laquelle doivent s'attendre les
troupes russes dans l'hypothèse d'une invasion en Kachgarie,
elle ne peut être sérieuse, c'est-à-dire entraîner des pertes
notables pour nous que dans la traversée des montagnes, et
quelque peu aussi lors de la prise de Yanghi-Hissar et des
autres points fortifiés. Mais en rase campagne, les armées de
Yakoub seront aussi facilement battues et dispersées que
l'ont été celles du Kokand, de la Boukharie et de Khiva,
dans les combats livrés par nos soldats du Turkestan à Irdjar,
Tchapanat, Zéraboulak, Tchandyr et Makhram.

1283 — PARIS, IMPRIMERIE LALOUX Fils et GUILLOT

rue des Canettes, 7

www.ingramcontent.com/pod-product-compliance
Ingram Content Group UK Ltd.
Pitfield, Milton Keynes, MK11 3LW, UK
UKHW020828120726
13693UKWH00002B/532